KB134587

실수와 오류의
세계사

실수와 오류의
세계사

딱딱한 두뇌를 말랑말랑하게
풀어주는 역사 기행

소피 스털링 지음 · 김미선 옮김

탐나는책

"정규 교육이
당신의 배움을
방해하게 하지 말라."

– 마크 트웨인

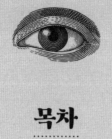

목차

들어가며

물음 가득한
역사의 책장을 열다

인간의 역사. 단 두 단어이지만 여기에서 우리는 무궁무진한 상상력을 펼칠 수 있다. 제국의 몰락에서부터 신흥 국가의 부상, 새로운 종교의 등장, 전쟁, 발명, 과학적 약진, 수수께끼, 그리고 승리까지. 우리 인간에게는 이야기가 끊이지 않는다.

수많은 이야기가 인류의 아름다움과 지혜, 독창성을 보여주며 전설의 소재가 되었다. 하지만 역사의 이면에는 실수와 기괴함, 그리고 바보 같지만 사랑스러운 행적들로 가득 차 있기도 하다. 이것이 나 같은 역사 덕후가 사는 낙이다. 그래서 우리 인간을 자랑스럽게 여기며 행복에 젖어 살아가는 대신, 역사를 뒤흔들 정도로 움찔하게 만들고 당황스러운 순간들을 찾아 여행을 떠나려 한다.

어떤 이들은 모르는 게 약이라 말할지도 모르지만, 나는 모르는 건 따분하다고 생각한다. 여러분의 손 안에 뻔뻔하고 기묘한 이야기를 담은 책이 있다. 여기에서 우리는 기이하면서도 당당하다. 그러니 우리끼리 즐겨보자. 외계인들이 우주에서 우리를 바라보고 있다면,

우리는 그들 눈에 엄청나게 재미있는 리얼리티 쇼의 주인공으로 보일지도 모른다. 우리 자신도 채널을 돌릴 시간!

이제 우리의 기록 중 가장 이상하면서도 재미있는 순간을 즐겨보자. 세상에는 이러한 순간이 너무나 많고, 당연히 우리 역사 속 위대하고 부끄러운 장면을 한 권에 모두 담을 수는 없었다. 하지만 우리의 물음 가득한 책장 속 선반을 하나라도 잠시 들여다보자.

등을 기대고 느긋하게 앉기. 움찔하지 말고.

아, 사전 경고. 이 책에는 곳곳에 말장난이 난무한다. 내 안에 숨겨진 아재 개그 본능이 막을 새도 없이 마구 튀어나오는데, 나는 그냥 손을 놓고 말았다. 그러는 사이 커피나 콜라를 마시고 일광욕을 하며 오히려 그 순간을 즐겼다. 이제 여러분도 이 시간을 즐겁게 누리시기를 바란다.

제1장 우리가 그랬다고?

....

실수와
기괴함 사이

"소설과 현실의 차이를 말하자면
소설은 말이 된다는 것이다."

−톰 클랜시

우리의 희한한 역사

　하루하루 놀라움의 연속이다. 뉴스를 보고, 기사를 읽고, 소셜미디어를 보며 스크롤을 내린다……. 그리고 주시한다. 귀를 의심할 정도로 말도 안 되는 소리를 듣기도 한다. 플로리다 맨(플로리다에서 비상식적인 사건이 많이 일어나 뉴스마다 '플로리다에 사는 사람이…'로 시작되자, 어이없는 일을 저지르는 사람이라는 의미로 인터넷에서 유행한 밈-옮긴이)이 튀긴 닭다리로 사람을 공격했다고? 대통령이 진짜 그렇게 말했단 말이야? 어떤 사람은 수염에 이쑤시개를 가장 많이 꽂은 것으로 세계 기록을 세웠다지? (그나저나 2천 개가 넘는 이쑤시개였다고)

　인간은 매우 뛰어난 존재이면서 동시에 미쳤다는 소리가 나올 정도로 황당한 일을 저지른다. 도저히 종잡을 수가 없다. 솔직히 말해서 나도 그럴 때가 있다. 하지만 속단하지는 마시길……. 우리들 누구나 '정말이야?'라고 울타리를 치며 양면적인 태도를 보여 왔으니까. 우리는 모두 황당한 결정을 제법 많이 내리면서도, 동시에 남들의 불운을 보고 비웃는다. 역사는 온통 이러한 순간으로 점철되어 있고 앞으로도 그럴 것이다. 그리고 우리가 멸종될 때까지 지속되리라고 장담한다. 아마도, 여러분이 뉴스를 보고 있다면, 그때가 머지않았을걸!

세상에 이런 일이

낚시를 하러 나간 문지기

현재의 이스탄불인 콘스탄티노플은 중세 시대에 금싸라기 땅이었다. 유럽과 아시아를 잇는 관문이었을 뿐만 아니라 아름다우면서도 문화적으로 풍요로웠고, 번화한 항구를 지척에 두고 있었다. 그러다 보니 눈독을 들이는 이들도 많았다. 모든 제국이 이곳을 조금이라도 차지하길 원했다. 하지만 이중으로 둘러싼 튼튼한 벽이 도시를 요새로 만들어준 덕분에 스무 번이 넘는 포위 공격에도 끄떡없었다. 완전히 난공불락이었다.

하지만 여러분은 다음에 어떻게 되었는지 알고 있다. 무릇 가질수 없다면 더 갖고 싶어지는 법. 오스만 제국의 술탄 메흐메드 2세는 콘스탄티노플을 몹시 탐냈다. 그래서 1453년 그는 도시를 포위했다. 성공하리라는 희망은 그다지 없었다. 그러니까…… 누군가 성문의 빗장 하나가 열려있었다는 사실을 알아채기 전까지는. 케르카포르타라고 불린 그 성문 덕분에 침략군은 도시로 물밀듯 들어갈 수 있었고, 놀랍게도 별다른 저항도 받지 않고 도시를 정복해버렸다. 문지기에게 도대체 무슨 일이 있었던 것일까? 문고리를 붙잡고 잠이 들었나? 경치 좋은 항구로 낚시라도 떠났던 것일까? 갑자기 건망증이라도 생겼나? 누가 알겠는가. 확실한 것은 그도 도시처럼 모가지가 날아갔다는 것이다. 헤헤.

어처구니없는 사고

미국의 위대한 시인인 월트 휘트먼이 1892년 세상을 떠났을 때, 그의 뇌가 펜실베이니아 대학에 기증되었다. 미국 역사상 가장 많은 작품을 남긴데다 뛰어난 두뇌의 소유자였기 때문에, 그의 실제 뇌를 소장하는 일은 엄청난 특권이었다. 상상할 수 있겠는가? 그의 뇌 속 핏줄들은 오랜 시간에 걸쳐 시로 재배열되었으리라 확신한다.

아무튼, 골상학(두개골의 모양을 보고 사람의 특성이나 운명을 연구하는 학문-옮긴이)에 대한 글을 종종 썼던 휘트먼은 그의 뇌를 과학에 기부했다. 그러나 어느 날, 한 젊은 연구원이 휘트먼의 뇌가 들어있던 유리병을 떨어뜨렸고 뇌는 손상을 입고 말았다. 단 하나도 제대로 건져낼 수 없었다. 시적인 뇌를 떨어뜨리고 만 것이다.

이는 병리학 학장이었던 헨리 카텔 박사가 전한 공식 일화이다. 하지만 실제 일어난 일은 카텔이 꽁꽁 숨겨두었다. 사실은 그가 우연히 뇌를 망가뜨렸다. 그날 뇌를 관찰하는 작업이 끝난 후 실수로 밀봉하는 것을 잊어버렸던 것이다. 그리고 공기 중에 노출한 채 밤새도록 놔두고 말았다. 아침이 되어 뇌는 완전히 부패해 버렸다. 자신이 저지른 일을 보고 겁에 질린 카텔은 입을 꾹 다물고 괴로운 진실을 자신의 일기에만 털어놓았다.

> "나는 바보다, 바보 천치. 제대로 기억도 못 하고, 나의 학문적 지위에도 걸맞지 않은 짓을 하다니. 나는 월트 휘트먼의 뇌를 제대로 밀봉하지 않아서 망가뜨리고 말았다. 아침에서야 그 사실을 알았다. 난 완전히 망했어……."

사실 불쌍한 카텔 박사는 휘트먼의 뇌를 썩게 만들었다고 해서 자신을 그렇게 몰아세울 필요가 없었다. 어쨌거나 휘트먼은 모든 육신은 그저 언젠가 사라지게 되리라는 사실을 알았기 때문이다. 휘트먼은 자신의 시, '장래사'에 이렇게 썼다.

> 이보라, 기이하다 인간의 형틀이여,
> 그 누구도 알아봐주지 않는 갈망이 몸부림치는 곳,
> 이 뇌, 심장, 그리고 경이로운 모양
> 모두들 하나 같이 썩게 마련인 것을.

봤죠? 힘내세요, 카텔 할아버지.

열세 번이나 마음을 빼앗다

네덜란드의 회화인 겐트 제단화, Het Lam Gods는 해석하면 '신의 어린양'이라는 뜻인데, 역사상 도둑을 가장 많이 맞은 그림이다. 1432년에 그려진 이 유화는 수태고지(천사들이 마리아에게 구세주를 잉태할 것이라고 선언하는 것)에서부터 예수그리스도의 희생에 이르기까지 그리스도교 신비주의를 묘사했는데, 특히 그리스도의 희생을 어린양의 피가 유리잔으로 흘러 들어가는 모습으로 상징화했다. 참나무 패널에 그려서 무게가 2톤이나 나가고 크기도 길이 4미터, 높이 3미터가 넘는 이 그림은 무려 열세 번이나 도둑을 맞았다. 쉽게 말해 아주 납작하고 넓은 목제 자동차를 훔쳤다는 말이다.

이 작품은 뛰어난 예술적 기교와 역사도 그렇지만 회화 자체의 아름다움과 종교적 연결 고리 때문에 걸작으로 평가받고 있다. 불에 타거나 폭탄을 맞기도 하고, 떨어져서 사라져버린 패널들도 있지만 대부분이 지금까지 무사히 살아남았다. 정확히 말하자면 12분의 11이 남았다. 작품의 길고도 뒤틀린 역사는 약탈과 전쟁, 랜섬 노트(약탈한 물건을 돌려주는 대가로 요구하는 금전 액수-옮긴이), 음모론 등등으로 점철되어 있다.

이 작품은 원래 겐트(현재 벨기에)에 있는 바프 대성당의 제단에 올리기 위해 제작되었다. 그리고 전 세계를 여행한 끝에 지금은 이곳에 보관되어 있다. 나폴레옹이 작품을 훔친 첫 번째 장본인이었고, 그 후 칼뱅파와 나치, 독일인들, 그리고 신원을 알 수 없는 사람들에게 도둑맞았다. 여전히 행방불명으로 남아 있는 마지막 작품은 〈공정한 심판관The Just Judges)으로, 아랫단의 왼쪽 코너에 있는 것인데 겐트 경찰에서 여전히 미제 사건으로 조사 중이다. 그러니까 역사상 가장 많이 도둑맞은 작품이면서 동시에 가장 오랫동안 수사 중인 사건이기도 한 셈이다. 경찰이 마지막으로 받은 정보는 그림이 잘 보이는 곳에 있다는 것이었다. 그러니 혹시 모르지……. 유럽으로 여행을 가게 된다면 눈을 부릅뜨고 잘 살펴보시길.

온전한 상태의 <신의 어린양>

폭풍우 치는 날씨

영국의 조지 6세는 대영제국의 왕좌를 물려받으리라 기대하지 않았다. 자신의 형이자 차기 왕으로 지목받았던 에드워드의 그늘에 늘 가려져 살았기 때문이었다. 그러나 에드워드는 사랑 때문에 왕위에서 물러났고, 조지가 대신 그 자리에 올라서야 했다. 아마도 이인자라는 인상을 받으며 자랐기 때문이었는지는 몰라도, 항상 뒤에만 머물러 있던 조지는 예술 교육에도 큰 공백이 생기고 말았다.

존 파이퍼는 영국의 화가였는데, 어둡고 폭풍우 치는 풍경을 잘 그리기로 유명했다. 그는 제1차 세계대전을 묘사한 작품으로 특히 많은 인기를 얻었지만, 그의 작품 중 가장 뛰어난 그림은 대부분 풍경화였다. 조지 6세가 전시회에서 파이퍼의 작품 몇 개를 보았을 때, 그는 파이퍼에게 이런 의견을 전달했다.

"저렇게 지독하게 끔찍한 날씨를 그리다니 유감이구먼."

아이고, 왕이시여.

가짜 뉴스

뉴스의 역사를 살펴보면 당황스러운 순간이 놀라울 정도로 많이 나온다. 전화와 인터넷이 등장하기 전, 신문은 우리에게 세상의 믿을 수 있는 소식을 가져다주리라 기대했던 원천이었다. 하지만 먹물 뒤의 실체는 어디까지나 우리와 같은 인간이다. 여기에 우리를 미소 짓게 하거나 움찔하게 만든 신문 헤드라인을 몇 개 살펴보자.

"타이타닉 침몰. 인명 피해는 없음."

1912년 4월 15일은 가슴 아프고도 혼란스러웠던 날이었다. 타이타닉호가 대서양의 차갑고 어두운 바닷속으로 가라앉았고, 절반이 넘는 승객과 선원들이 목숨을 잃었기 때문이다. 하지만 세상은 아직 그 사실을 알지 못했다. 특히 〈밴쿠버 월드〉지는 이 소식을 까맣게 모르고 있었다.

운명의 월요일, 그 재앙에 관한 소식이 처음 들려왔을 때, 캐나다의 신문들은 너도나도 "타이타닉호 침몰. 인명 피해는 없음."이라는 헤드라인을 넣고 인쇄했다. 그러나 불행하게도, 우리도 이미 알고 있다시피, 이것은 신문사의 잘못이 아니었다. 그들이 전보로 받은 보고에서는 배가 핼리팩스로 인양되고 있으며, 승객들은 모두 무사하다고 했다. 단지 타이타닉호에 대해 언급하지 않았을 뿐이었다. 오보를 전한 것은 〈밴쿠버 월드〉만이 아니었다. 다른 신문사들도 사망자의 수를 실수로 축소해서 발표하거나 잘못된 숫자를 추측해서 보도했다.

비극이 일어날 때, 사태가 진정되기 전까지 정확한 정보를 얻기 어려울 수 있다. 하지만 독자들에게 정보를 가능한 한 빨리 전달하는 것이 신문 업계의 최우선 과제이기 때문에, 소위 병아리가 부화하기도 전에 수부터 세는 편집자들이 많았다. 부정확한 보도는 드물지 않다. 혼란이 난무한 이와 같은 사건에서 특히 그렇다. 타이타닉호에 탑승한 승객들의 죽음은 여기에 나온 헤드라인처럼, 완전히 다른 이유들 때문에 역사에 길이 남게 되었다.

화성의 마법사

우주의 많은 면면이 여전히 수수께끼로 남아 있지만, 화성에 대한 지식은 지난 수백 년에 걸쳐 상당히 많이 축적되었다. 다음 예를 보자. 1900년대 초반, 당시에 총동원한 지식을 바탕으로, 화성에 생명이 산다고 흔히들 믿었다. 진짜 화성인들이. 〈솔트레이크 트리뷴〉에서 보도한 기사 하나에도 우리를 일깨워줄 흥미로운 정보가 많이 담겨 있다.

1877년, 이탈리아의 천문학자였던 조반니 스키아파렐리는 주황색 행성의 표면 위에 가늘고 긴 선을 발견했다고 발표했다. 그는 그것을 카날리canali라고 불렀는데, 이탈리아어로 '운하'라는 뜻이었다. 수년이 흐른 후, 18세기 후반에서 19세기 초반, 유명 천문학자였던 퍼시벌 로웰이 이 관찰 결과를 주목했다.

로웰은 행성 표면의 기다란 운하가 화성인들의 기술력으로 생긴 결과라고 가정했다. 붉은 행성의 거주민들이 말라가는 행성을 구하기 위해 어마어마한 규모의 관개시설을 만들어 행성의 눈 덮인 빙원의 물을 끌어오려고 했다는 것이다.

화성 위 운하의 모습이 일 년 내내 생겼다 사라지기를 반복했기

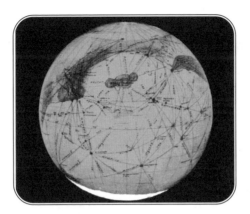
로웰의 팀이 그린 화성의 선들.

때문에, 화성인들이 해마다 운하를 팠다가 다시 채웠다는 터무니없는 이론을 보고하는 대신, 〈트리뷴〉은 식물이 운하의 제방을 따라 자라다가 시드는 모습을 보는 것이라 보도했다. 운하 자체의 모습이 아니라는 말이다.

여기에 덧붙여 – 학습하고 성장하는 지구의 육식성 식물을 화성의 식물과 비교하는 과정에서, 몇몇은 의문을 제기하기 시작했다 – 왜 화성의 식물은 지적으로 진화하지 않는 걸까? 여기 기막힌 대답이 있다!

〈트리뷴〉은 더 나아가 화성의 식물은 행성이 살아있도록 유지할 의무가 있다고 추측했다. 그 점을 바탕으로 이면에 더 커다란 지적 생명체가 반드시 있을 것이라 본 것이다. 행성의 표면에 거대한 눈알이 봉긋 솟아 있다나.

"우리가 이따금 [화성에서] 보는 하얀 점은 사실 눈snow이 쌓인

것이 아니라 '눈eye'이다. 약하지만 유연한 기둥 위에서 눈은 행성의 표면 위로 수십 킬로미터는 올라갈 수 있으며 언제 어디서든 식물체가 잘 작동되고 있는지 관찰할 수 있다."

신문은 '눈'을 놓친 과학자와 천문학자들이 그렇게 많았다는 사실은 놀라운 일이 아니라며 독자들을 안심시켰다. 운하는 소수 전문가의 눈에만 보일 뿐 많은 이들이 운하의 존재 자체를 부정한다고 했다. 이러한 지식 없이는 그런 이론에 이르지 못했을 것이다.

《오즈의 마법사》처럼, 눈은 모든 식물을 감시했고 행성이 영양분을 제대로 공급받도록 했다. 하지만 더 재미있는 사실은 여기서 끝나지 않는다……. 분명히, 눈이 행성을 감시하지 않아도 되는 날에는, 우리를 감시하느라 바빴다.

〈트리뷴〉은 다음과 같이 보고했다.

"전체의 상태를 감시하는 일에 잠시 벗어나, 그 기대한 '눈'은 지구와 태양, 행성, 별, 그리고 우주 전체를 관찰했다. 그 어마어마한 [자리]에서 눈은 지구의 모든 망원경을 다 합쳤을 때보다 더 많이, 그리고 더 멀리 볼 수 있었다."

그럼 지금 당장 우리도 볼 수 있겠네…….

오싹오싹한 우주 이야기 하나 더. 여기 미국 항공 우주국이 1976년에 공중에서 찍은 사진을 보자. 화성의 지형이 마치 괴기한 가면을 쓴 사람 얼굴처럼 보인다. 아마도 〈화성의 마법사〉의 진짜 얼굴인 걸까? 아니면 밤에 잠들지 못하게 만드는 또 다른 이유일지도 모르지. 별말씀을, 지구인!

새로운 공룡

우선, 이번에 다룰 이야기가 '잘못된 예측의 범주' 안에 넣을 수 있게 되어 감사하게 생각한다. 1905년 4월, 〈세인트폴 글로브〉지에서는 동물 왕국의 대 몰락을 예측한 바 있다. 기사의 제목이 내용의 전부였다.

이야기는 미국 자연사 박물관의 과학자들이 브론토사우루스의 뼈를 맞추는 모습을 그리는 데에서 시작한다. 참고로 브론토사우루스는 네발 달린 공룡으로 네시 호의 괴물과 비슷하게 생겼다. 그리고 기사에서는 "인간에게 친숙한 동물과 새의 뼈를 거의 다 찾을 날이 머지않았다"라고 예측한다. 비록 박물관에 대한 호기심만큼 열렬하지는 않더라도 말이다.

기사는 들소, 바다 소(매너티), 그리고 바다사자처럼 멸종해 가는 (현실에서는 그렇지 않다) 일련의 종들에 대한 이야기로 넘어간다. 브론토사우루스를 따라 멸종의 길을 걷게 될 동물로 사향소, 해달, 바다코끼리, 갈라파고스 거북, 기린, 그리고 물개 등을 지목한 것이다. 이렇게 말하면 자연스럽게 많은 과학자처럼 당혹스러운 반응이 따라올 것이다. 우리 현대 세계에서 그렇게 많은 동물들이 사라지고 있다니. 하지만 다행히, 지금까지는 이 예측대로 들어맞지 않았다.

백여 년이 흐른 지금, 여기에 언급된 동물 중 멸종위기에 처한 (하지만 멸종하지는 않았다!) 동물은 갈라파고스 거북뿐이다. 해달은 그다음 멸종위기 종으로 분류되었다. 운 좋게도 이번 경우에서 유일하게 멸종된 것은 〈세인트폴 글로브〉뿐이었다. 그때 나왔던 호가 마지막에 인쇄된 편 중 하나였으니까!

오타 이야기
사라진 하이픈

1950년대와 1960년대에 벌어진 우주 경쟁은 엄청난 성과를 낳았다. 인류를 처음으로 지구 궤도에 올려 보냈고, 사람이 달 위에 발을 디뎠다. 하지만 우주 경쟁은 사실 너무나도 어려운 것 투성이기 때문에 수많은 실패로 점철되었다. 그중 특이한 실패 사례라면 1962년 7월, 매리너 1호 무인탐사선의 악명 높은 여정을 꼽을 수 있다.

매리너 1호는 금성에 가서 데이터를 수집해 오는 임무를 안고 있었다. 하지만 바로 그날, 장엄하게 발사를 하고 불과 몇 분 후, 내부 유도 시스템이 고장을 일으키기 시작했다. 매리너 1호는 다시 지구를 향해 항해하기 시작했고 충돌이 불가피한 상황이었다. 지구 방향으로 다시 쏜살같이 되돌아오자, 중앙 관제소에서는 폭파 버튼을 누를 수밖에 없었다. 쾅! 8천만 달러가 들어간 무인탐사선은 그렇게 공중분해 되고 말았다.

무엇이 그렇게 잘못되었을까? 이야기는 미국 항공 우주국이 매리너 1호를 너무 서둘러서 발사한 것부터 거슬러 올라간다. 누군가가

코드에 작디작은 하이픈(-) 표시를 빠뜨렸던 것이다. 하이픈 하나가 탐사선을 장외로 날려버렸다. 수백만 달러짜리 하이픈이었고, 여기에는 물론, 미국적 자존심도 약간 있었다(저자가 일부러 오타를 써서 익살스럽게 만듦 - 옮긴이).

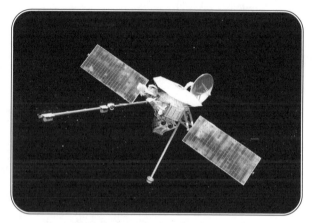

엉망진창이 되기 직전의 매리너 1호.

셰익스피르

영어 전공자로서, 셰익스피어라는 이름의 철자가 확인된 적이 없다는 사실을 알았을 때 내 삶의 기조 자체가 흔들렸다. 수많은 역사적 문서를 보면 그의 서명이 다양한 형태로 변주되어 있다는 것을 알수 있다. 셰익스피어는 아마도 게으름뱅이였나 보다. 누군가는 그가 철자 쓰는 법을 몰랐을 것이라 가정하기도 한다. 뭐가 되었든, 그의 작품에서는 철자가 일관적으로 적혀 있지 않다. 이를테면, 같은 문장 안에서도 'alley'라는 단어를 다르게 (allie, allye) 쓰는 등 기이한 점이 많았다. 그러나 셰익스피어가 살던 시대에서는 맞춤법을 지금처럼 엄격하게 다루지는 않았다. 그의 이름도 Shaksper, Shakspere, Shackspeare, Shakespyr 등 다양하게 나온다. 마지막 이름은 그의 동시대 사람들이 어떻게 썼는지를 보여준다. 이러한 사실을 알게 되어 엄청나게 당혹스러웠지만, 나 스스로에게는 사실 크게 중요한 문제가 아니라고 납득시켜야 했다.

Willy's wild signature.

Dord: 여기에 뜻을 넣으시오.

날마다 새로운 단어가 만들어진다. 어떨 때에는 분마다 나올 때도 있다. 텔레비전 토크쇼인 〈새터데이 나이트 라이브〉 중 '이제 막 배를 산 남자Guy Who Just Bought a Boat' 편만 봐도 그렇다. 아니면 트위터를 검색해 보라. 사람들은 너무나도 창의력이 넘친다.

하지만 1934년, 어떤 단어가 정말 우연히 사전에 들어간 적이 있었다. 그해 웹스터 신 국제 사전의 771쪽에 'dord'라는 단어가 나타났다. 어떻게 이렇게 정체불명의 단어가 들어갈 수 있었을까? 흠, 여러분은 모를 수밖에 없다. 왜냐하면 사전을 주기적으로 읽을 리가 없으니까. 사전에는 단어의 원형뿐만 아니라 축약형도 들어간다(예를 들어, L 섹션에서는 파운드(pound)의 축약형인 lb를 찾을 수 있다). 사전 작가들은 density(밀도)의 축약형을 만들고자 했다. 그래서 편집자에게 보내는 쪽지에 density는 'd 또는 D'라는 약어로 만들 수 있다고 써놓았다.

문제는 편집자에게 보내는 쪽지를 '축약형'란이 아닌 '단어'란에 두었고, 'd or D'를 쓰는데 실수로 띄어쓰기를 하지 않아 dord가 되어 버렸다는 것이다. 이 단어는 5년이 지나서야 사용한 사례도, 어원도 없다는 사실이 밝혀졌고 웹스터 신 국제 사전에서 재빨리 지워졌다. 하지만 '이제 막 배를 산 남자Guy Who Just Bought a Boat'처럼 규정이 엉성한 사전에 종종 말장난으로 등장하기도 한다.

칠레, 새로운 이름을 얻다.

오타는, 우리가 그동안 봐왔다시피, 돈이 들 수 있다. 하지만 돈에 오타가 있는 경우는 흔치 않다. 지폐나 동전에 들어갈 수 있는 단어는 아주 많다. 뭐라고, 많아봤자 다섯 단어까지라고? 그런데도, 누군가가 모든 역경을 이겨내고 결국 해냈다.

2008년, 칠레의 조폐 국장이었던 그레고리오 이니구에즈는 새 동전 수천 개의 제작을 승인했다. 새 동전은 아름다웠다. 반짝반짝 빛이 났다. 더할 나위 없이 완벽한 원형이었다. 하지만 문제가 하나 있었다……. 나라 이름을 잘못 쓴 것이다. 동전에 박힌 국가명은 C-H-I-I-E였다. 일단 한숨 좀 쉬고. 철자가 모두 대문자로 쓰여 있을 때, 자세히 보지 않으면 L이 빠졌다는 사실을 눈치채기 힘들다. 여러분이 눈을 가늘게 뜨고 있다면 몰라도.

일 년이 지나도록 아무도 이 사실을 알아채지 못했다. 정부 고위

관계자들은 크나큰 당혹감을 감추지 못했고 결국 이니구에즈와 몇몇 다른 책임자들은 자리에서 물러나고 말았다. 하지만 오호라, 이 동전들은 지금 수집가들의 수집 품목으로 자리 잡았다! 그러니 이 사랑스러운 나라(우리 가족이 여기 출신이다!)를 방문하게 된다면, 두 눈을 부릅뜨고 I가 두 개 있는 동전을 찾아보도록 하자.

왜 시금치는 철분의 상징이 되었나

여러분이 식사할 때 철분을 좀 더 섭취할 수 있는 방법을 찾고 있다면, 시금치부터 떠올릴 것이 분명하다. 그렇게 생각하는 사람은 여러분만이 아니다! 이러한 고정관념이 자리 잡게 된 것은 뽀빠이 덕분이지만, 분명히 '철분=시금치'라는 공식이 우리 마음에 뿌리 깊이 박히게 된 또 다른 이유가 있다.

1870년, 독일에서 시금치 속 철분 함량을 알아보는 연구를 했는데, 화학자였던 에리히 폰 울프가 실수로 소수점을 너무 오른쪽에 넣고 말았다. 시금치에 철분이 3.50 밀리그램 있다고 보고해야 하는데 35.0 밀리그램이라고 써서 인쇄했던 것이다. 실제보다 열 배나 많은 양이다. 뽀빠이도 아이고 이런! 이라고 말할 정도이다.

불행히도 물은 이미 엎질러졌고, 세대를 걸쳐 사람들의 마음속에는 이 수치가 굳게 자리 잡고 말았다. 폰 울프가 연구를 한 지 거의 60년이 지나고, 1929년 뽀빠이가 처음 사람들에게 선을 보일 무렵 시금치에 철분이 많다는 명성은 사람들의 머릿속에 더욱 굳어져 갔다. 시금치는 물론 영양이 풍부한 채소이다. 하지만 그 유명세만큼이나 많은 것은 아니다. 아무래도 다른 방법으로 뽀빠이의 커다란 권총을 차지해야겠군!

유령섬의 전설

캘리포니아 섬

맞다, 제대로 읽었다. 캘리포니아 주는 한때 섬이었다! 200년이 넘도록, 캘리포니아는 육지와 분리된 땅으로 지도에 그려졌다. 어떻게 이런 일이 일어났을까? 스페인의 항해사였던 포르툰 시메네스는 1533년 바하의 남쪽 해안에 다다랐는데, 그때 캘리포니아 주 전체가 섬이라고 착각했다. 여러분이 지도 위에서 바하를 슬쩍 찾아본다면, 캘리포니아 주 아래에 반도로 돌출되어 있는 모습이 보일 것이다. 그러니 오해를 살 만도 하다. 자, 당시의 항해사들에게는 구글 지도가 없었다. 그저 종이로 만든 지도만 있을 뿐이었다. 아 이런, 그 당시 지도들의 상태는 어땠는지 여러분도 잘 알고 계시겠지?

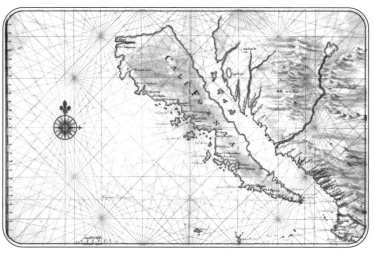

위 지도는 그 당시에 가장 유명한 '지도 오류' 중 하나였는데, 무려 100년이 넘도록 수정이 되지 않았다! 1700년대 초반, 한 예수회 신부가 캘리포니아만을 건너 탐험을 했는데, 그는 자신이 발견한

것을 보고하면서 캘리포니아가 정말 '섬'인지 의심스럽다고 전했다. 1747년에 이르기까지 조사가 더 진행되고 나서야 스페인의 국왕 페르디난드 6세는 캘리포니아가 섬이 아니라고 선언했다.

잃어버린 하이브라실 섬

하이브라실Hy-Brasil은 아일랜드의 서쪽 해안에서 대략 320킬로미터가량 떨어진 섬으로, 다양한 이름이 따라붙었다. 아니면 그랬던가? 어떤 이는 이 섬이 아틀란티스나 아발론처럼 상상의 섬이라 생각했다. 아발론이 그랬던 것처럼 항상 안개에 가려져 있다가, 7년에 한 번씩만 나타난다는 것이다.

섬의 이름은 켈틱어에서 그 어원을 찾을 수 있다. Breasal라는 말은 해석하자면 '세상의 고귀한 왕'이라는 뜻으로, breas라는 단어는 '행운의'라고 번역한다. 그래서 이 섬을 두고 흔히 '행운의 섬'이라고도 불렀다. 하지만, 불행하게도, 수많은 탐험가가 섬을 찾아 모험에 나섰지만 그 누구도 섬에 도달하지 못했다.

섬에 들어간 적이 있다고 주장하는 몇몇 사람들에게는 비슷한 경험이 있었다. 많은 이들이 섬을 두고 지상 낙원 또는 '약속의 땅'이라고 주장했다. 하이브라실에 얽힌 이야기 속에는 건강함이 넘쳐흐르고, 금으로 지붕을 두른 건물들에 부유한 시민들이 등장한다. 섬의 존재에 대해 대부분 의심을 하면서도, 섬은 수백 년 동안이나 지도에 그려졌다. 1325년에 가장 먼저 나온 후 1865년 말 그대로 지도에서 떨어져 나갈 때까지 계속 그대로 유지되었다.

하지만 우리 인간들은 원체 수수께끼 풀기를 좋아한다. 최근 연구자들은 하이브라실의 위치라고 떠돌던 곳 근처에서 가라앉은 땅덩어리를 발견했다. 한때 섬이었을 가능성이 매우 유력한 것이었다. 따라서 정말로 존재했던 곳일지도 모른다! 해수면이 높아지고 이 지역의 지리적 상황이 변한 것이 섬을 사라지게 만든 주요 원인일 수도 있다.

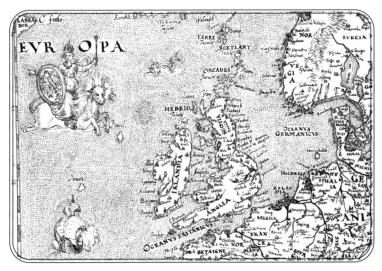

지도에서 보다시피, 하이브라실은 말굽 달린 동물의 바로 옆에 거의 완벽한 원 모양으로 나타난다.

샌디 아일랜드 유령

최근 지도 업계에서 기함할 만한 일들이 일어났는데, 그중 하나는 2012년에 있었다. 호주의 해저 탐사선인 서던 서베이어Southern surveyor의 연구자들이 섬이 있어야 할 곳에 바다밖에 없었다는 사실을 알아냈기 때문이다. 이름을 특정하자면, 그 섬은 샌디 아일랜드Sandy Island였다. 18세기 이후 이 섬은 호주 연안의 바로 옆에 있는 것으로 지도에도 나와 있었다. 하지만 학자들이 섬의 추정 위치로 가까이 다가갈수록 보이는 것은 탁 트인 바다뿐이었다. 섬은 온데 간데 보이지 않았다.

샌디 아일랜드에 무슨 일이 일어났던 것일까? 이곳의 바다는 깊이만 해도 1.6킬로미터에 이르러서 파도에 휩쓸렸다고 볼 수도 없다. 현실일 가능성이 높지 않은, 아틀란티스 이론을 살펴보기에 앞서, 해저에 관해 이미 광범위한 연구가 이루어졌다는 점을 감안할 때 가장 그럴듯한 대답은 섬이 아예 존재하지 않았다는 것이다. 프랑스의 항해사들이 부석 – 화산이 터질 때 생기는 가볍고 거품처럼 생긴 돌 – 을 보고 섬으로 착각했다는 설도 있다. 이 거대한 돌덩이는 오랫동안 물 위에 뜰 수 있는 특성이 있어서 존재하지도 않는 섬이 반복해서 지도에 나타난 것이다. 하지만 귀에 쏙 들어오는 설은 아니다……. 그러니 여러분도 나처럼 생각한다면 머릿속으로 좀 더 흥미진진한 설을 계속 만들어보자.

밑 빠진 독에 물 붓는 세금

정부에게는 세금을 부과하는 이유가 끊임없이 나온다. 그리고 확실히, 돈을 써야 하는 엽기적인 이유도 수없이 많다. 여기에 여러분이 피땀 흘려 번 돈을 열정적으로 쏟아 버리는 재미있고도 기발한 사례를 소개한다.

☞ 진주만 공격이 일어난 직후, 치과 의사였던 라이틀 애덤스는 대담한 계획을 세웠다. 박쥐들은 개방된 곳에 나가면 본능적으로 건물 안에 들어가 몸을 숨기려 하므로, 살아있는 박쥐의 몸

에 실제 폭탄을 매달고 목표 영역에 풀어버리자고 생각한 것이다. 박쥐들이 안으로 들어가 자리를 잡으면 시간지연(時間遲延) 방식으로 만든 도화선이 터진다. 그는 이 아이디어를 미 육군 화학전 부대에 제출했다. 부대는 이 계획을 시험해 보았다. 폭탄을 안전하게 부착할 수 있도록 박쥐들은 일단 냉장고에 들어가 강제 동면에 들어갔다. 하지만 제시간에 동면에서 깬 박쥐들은 그다지 많지 않았고, 폭탄이 너무 무거워서 날지 못하는 박쥐도 있었다. 그리고 그냥 땅에 곤두박질쳐버린 녀석들도 있었다. 계획은 완전히 실패로 돌아갔다. 수많은 박쥐를 적절히 다루지도 못하고 죽여 버린 것은 차치하더라도, 이 아이디어를 시험하는 데 무려 200만 달러가 넘는 세금이 쓰였다.

☞ 고속도로를 운전한 적이 있다면, 커다란 트럭이 여러분에게 너무 가까이 왔을 때 조금 긴장해서 움찔했던 경험이 있을 것이다. 영화에 나온 것처럼 갑자기 바퀴가 기울어서 내 차 쪽으로 쓰러지면 어떻게 하지? 뭐야…나만 그런 생각 한 거야? 어쨌든, 미연방 고속 도로국은 '커다란 트럭을 대하는 운전자들의 태도'에 대해 연구하느라 22만 2천 달러를 썼다.

☞ 이제 여러분은 뉴저지 주의 트렌튼 하수 처리장을 보며 역사와 문화에 대해 알아볼 수 있다. 이곳은 미 환경 보호국이 무려 100만 달러를 들여 국가 기념물로 만든 곳이다.

☞ 여러분은 아침 식사를 만드는 데 시간이 얼마나 걸리는가? 10분

에서 15분 정도? 흠, 미국 농무부는 정확한 답이 알고 싶었다. 그래서 4만 6천 달러짜리 연구를 진행했다. 결론은? 평균 37분이란다.

☞ 미 박물관 및 도서관 서비스 협회는 오리건 과학박물관에 15만 달러 자금을 지원했다. 박물관에서 진저브레드 하우스가 지진에 강한지 여부를 알아보는 워크숍을 진행하는 데 쓰인 돈이었다. 2016년 워크숍은 다음과 같은 이름으로 불렸다. '쿠키는 어떻게 부서지는가?'

그렇게 실패했다고?

어느 각도에서 봐도 실패뿐인 산업을 말하자면, 출판업이 그렇다. 아, 잠시만. 영화 산업이다. 아니 그러니까…….

거절과 실패는 어디에나 있다. 여기에 처음에는 실패를 거듭하여 이를 부득부득 갈았지만 결국 성공으로 이어진 사례가 몇 개 있다. 여러분이 장차 작가와 배우, 음악가, 또는 예술가가 되겠다면…… 낙담하지 말고 용기를 가지시길. 여기 나온 예시들은 여러분이 뛰어난 예술 작품을 만들었다면, 여러분의 작품이 뛰어나다고 믿고 확고히 밀어붙인다면, 성공하게 되리라는 것을 보여준다. 이에 관한 명언도 있지 않은가.

"실패는 중도에 그만두었을 때나 하는 것이다."

책

조지 오웰, 동물 농장

이 책은 이중으로 거절을 당할 뻔했다. 그 당시 파버앤파버의 편집자는 이 사실을 전혀 몰랐지만 말이다. 그는 동물 농장에 대해 다음과 같이 편지를 썼다.

"우리는 이 책이 매우 뛰어난 작품이라는 데에는 동의합니다……다만, 현재의 정치적 상황을 비판하는 올바른 관점이라고 보기에는…… 힘들지 않을까 합니다(영국이 소련과 동맹을 맺은 것을 가리킴)."

"이 책을 누가 출간을 하든, 자연스럽게 앞으로 나올 귀하의 작품도 출간하게 될 것이기에 매우 애석하게 생각합니다. 또한 저는 당신의 작품을 매우 높게 평가합니다. 왜냐하면 근본적인 진실이 담긴 좋은 글이기 때문입니다."

그의 말이 옳았다. 그리고 오웰의 '앞으로 나올 작품'에는 바로 그 《1984》도 포함되어 있었다.

JK 롤링, 해리 포터

《해리 포터》 초고는 보금자리를 찾기 전까지 몇몇 출판 중개업자와 최소 열두 개가 넘는 출판사에서 거절당했다. JK가 원고를 보내달라는 요청을 받았을 때, 그저 할 수 있는 대답은 '어제보다 더 잘 쓰려고' 노력했다는 것뿐이었다.

닥터 수스

닥터 수스는 상상력의 대명사였다. 《모자 쓴 고양이The Cat in the Hat》와 《초록 달걀과 햄Green Eggs and Ham》을 비롯하여 그가 쓴 십여 권의 책은 베스트셀러가 되었다. 닥터 수스가 처음 책을 내려 했을 때, 안타깝게도 그만큼이나 상상력이 풍부한 편집자들은 그다지 많지 않았다. 첫 번째 책은 무려 25개나 넘는 출판사에서 거절당했다. 그 이후 그의 책은 모두 합쳐 60억 부나 팔려나갔다.

영화

☞ 로널드 레이건이 대통령에 당선되기 전, 그는 28년 동안 배우로 활동했다. 그러나 1954년 영화 〈더 베스트 맨The Best Man〉의 배역을 거절당한 적이 있다. 왜 그랬을까? 그 이유는 그가 '대통령다운 얼굴'을 지니지 않았기 때문이라고 한다. 결국에는 누군가 그가 대통령의 얼굴을 지녔다고 생각한 것 같지만.

☞ 1959년 유니버설 스튜디오의 오디션에서 전도유망한 한 젊은 배우가 탈락했다. 이유는? "이가 깨지고 목젖이 너무 튀어나와서. 그리고 말을 너무 느리게 한다." 그들이 말한 배우는 클린트 이스트우드였다.

☞ 시드니 포이티에는 미숙아로 태어난 탓에 제대로 살아남지 못하리라 예상되었다. 흑인극 업계에서조차도, 그의 배우로서의 전망은 그 자신만큼이나 보잘것없었다. 그가 미국 흑인 극장에서 오디션을 보았을 때, 무대에서 내려와 '주방에서' 일이나 하라는 말을 들었다고 한다. 성이 잔뜩 난 감독에게 포이티어의 카리브 해 발음은 너무 강했고 그는 대사도 잘못 읊었다. 포이티에는 연습에 연습을 거듭하였고 마침내 흑인으로서는 처음

으로 아카데미에서 남우주연상을 받았다. 계속해서 골든 글로 브와 영국 아카데미 시상식에서도 수많은 상을 거머쥐었다.

음악

☞ U2는 1979년 미국의 음반사였던 RSO 레코드에서 거절당 한 이력이 있다. 레코드사 대표는 그들이 '현재 우리와 어울리 지 않는다'라고 말했다. 이듬해 U2는 첫 번째 싱글이었던 '11 O'Clock Tick Tock'을 세상에 내놓았고 그 나머지는 역사가 되었다!

☞ 이그나치 파데레프스키는 폴란드의 수상이자 재능 많은 음악 가이며 작곡가였는데, 그의 손은 피아노를 연주하기에 너무 작 다는 말을 귀가 닳도록 듣고 살았다. 파데레프스키는 그래도 계속 자신의 길을 나아갔고 마침내 가장 위대한 피아니스트 중 하나로 우뚝 섰다.

☞ 음반사였던 데카 레코드는 1962년 한 보이 밴드의 음악에 퇴 짜를 놓으며 이렇게 말했다. "기타 그룹은 쇠퇴하고 말 것이다." 어떤 밴드였길래? 비틀즈였다.

☞ 엔리코 카루소는 20세기 초반 이탈리아에서 가장 유명하고 (출 연료도 가장 비싼) 오페라 가수였다. 그러나 그는 주구장창 오페 라를 포기하라는 말을 들었다. 그 이유는 그의 목소리가 마치 "창문 틈 사이로 부는 바람 소리" 같았기 때문이라고.

과학

☞ 아이작 뉴턴은 처음에 단순 영농후계자가 될 운명이었다. 그의 어머니는 그가 열다섯 살이 되었을 때 학교를 퇴학시키고 가족의 농장에서 일하며 나중에는 농장 운영을 맡길 생각이었다. 그에게는 유감스러운 일이었다. 학교의 일진과 한판 싸움을 벌인 후, 학교 공부에 박차를 가하여 학교에서 가장 잘 나가는 학생이 되고 경쟁자를 따돌렸기 때문이었다.

뉴턴은 농부로서는 형편없었다. 그는 농사에 전혀 흥미가 없었고 종국에는 실패하고 말았다. 결국 그의 어머니는 그를 학교에 되돌려 보냈다. 그리고 학업을 계속하여 케임브리지 대학교에 진학했다.

☞ 찰스 다윈은 어렸을 때 평범한 아이라는 평가가 지배적이었다. 그의 가족은 대부분 의사와 과학자였다. 아버지는 그가 자신의 뒤를 따르기를 바랐지만, 다윈은 피를 보기만 해도 헛구역질을 했다. 그러자 아버지는 대신 교구 목사가 되라고 제안했다.

우리에게는 다행스럽게도, 다윈은 자연을 관찰하고 연구하기를 좋아했다. 다소 특이했던 적성은 집안의 내력과 살짝 들어맞았다. 그의 할아버지가 유명한 식물학자였기 때문이다. 비록 학교에서는 평범한 학생이었지만, 인생에서는 그 누구보다도 성공한 학생이었다. 그가 여행하는 동안 관찰했던 결과는 《종의 기원》에 수록되었다.

☞ 토머스 에디슨은 어렸을 때 호기심이 많아서 독서를 하며 자

기 스스로 가르치기도 했다. 그러나 그가 좀 더 자랐을 때, 그의 선생님은 그를 두고 "너무 멍청해서 배우는 게 없다"라고 혹평했다. 그리고 그는 '생산성'이 없다는 이유로 처음 두 직장에서 해고당했다. 그러나 그는 자신의 호기심과 열정을 내버려 두지 않았다. 그의 첫 번째 발명품인지는 알 수 없으나, 1869년 투표 결과를 빠르게 처리해주는 전기식 투표 기록 장치로 첫 특허를 따냈다. 안타깝게도 투표 기록 장치는 상업적으로 실패를 맛본 채 끝이 났고, 이 일을 계기로 에디슨은 대중이 원하는 물건만 만들겠다고 다짐했다.

불과 몇 년 후, 그는 1878년에 발명한 축음기를 시작으로 특허 몇 개를 따내며 명성을 얻었다. 그다음 도전과제는 전기였다. 하루는 기자가 전구를 발명하는 과정에서 "1,000번 실패한" 기분이 어떠했는지 묻자, 에디슨은 이렇게 대답했다. "나는 1,000번 실패하지 않았소. 전구는 1,000단계를 밟으며 발명한 것이오."

기가 막히고 코가 막히는 사람들의 말, 말, 말

숫자는 어려워

"우리가 할 수 있는 단 하나의 두 가지 일은……."

- 토니 블레어, 전 영국 수상

"역사는 저에게 두 단어를 제시해주길 희망합니다. 하나는 평화요, 다른 하나는 인간의 권리입니다.

- 지미 카터 대통령, 〈필라델피아 데일리 뉴스〉 인터뷰에서.

"장담하건대 이것은 대규모 사업Big Business입니다. 애틀랜틱시티를 묘사할 수 있는 단어가 딱 하나 있다면 그건 '대규모 사업'이에요."

-도널드 트럼프

"잘 기억해 주시오. 납세자는 딱 한 명뿐이오 – 당신과 나."

- 존 쿠쉬너, 캘거리 시의원

심사위원: "이것을 발명하게 된 동기가 무엇입니까?"
참가자: "두 단어로 말할 수 있어요. 나초nacho입니다."

"우리는 1974 헌법을 바꾸려 노력하고 있습니다. 서명만 하면 언제든지요.

- 미국 공화당 대표 도널드 레이 케너드

"이번 게임의 절반은 90퍼센트가 정신력이다."

- 대니 오자크, 필라델피아 필리스 야구 감독

횡설수설

"그래서, 올해 칸 영화제는 어디에서 열리나요?"

- 크리스티나 아길레라

"저는 작은 곳에서부터 시작하고 싶어요, 이를테면 런던이나 영국 같은 곳이요."

- 브리트니 스피어스, 뮤지컬을 하고 싶은지 질문을 받고.

"홀로코스트는 우리나라 역사상 가장 터무니없는 시절이었어요. 그러니까 이번 세기에 일어났던 역사 중에 말이지요. 하지만 저는 이번 세기에 살지 않았어요."

- 전 미국 부통령 댄 퀘일(1989-1993, 재임)

"월마트가 뭐예요? 벽(wall)이라도 파는 곳이에요?"

-패리스 힐튼, 2000년대 초반,
자신이 출연한 리얼리티 쇼 〈The Sweet Life〉 중에서

"당연히 저는 브루클린이 기독교인이 되기를 바랍니다. 그런데 저는 뭘 믿는지 모르겠어요."

- 데이비드 베컴, 그의 아들 브루클린에 대해 이야기하면서.

"신앙을 가지는 것은 괜찮다. 그냥 믿지만 않으면 돼."

- 가이 리치

"내 생각에 사람들은 내가 생각하기를 좋아한다고 생각하는 것 같아요. 하지만 그렇지 않습니다. 나는 생각하기를 전혀 좋아하지 않아요."

- 카니예 웨스트

"우리는 대륙 간 철도를 건설한 나라입니다."

- 미국 대통령 버락 오바마, 대륙 횡단 철도를 언급하며.

"나는 혐의(allegation)를 부인합니다. 그리고 악어(alligator)도 부인해요!"

(allegation과 alligator가 발음이 비슷해서 일어난 말장난 - 옮긴이)

- 시카고에서 기소된 의원

"얼룩말은 반점을 바꿀 수 없습니다."

- 미국 부통령 앨 고어

"저는 예측을 하지 않습니다. 예측을 한 적도 없고 앞으로도 절대 하지 않을 겁니다."

- 토니 블레어, 전 영국 총리

"동성애 결혼은 남자와 여자가 해야 하는 것이라 생각합니다."

- 아널드 슈워제네거, 2003년

"저는 스포츠를 사랑합니다. 시간이 날 때면 언제든, 라디오로 디트로이트 타이거즈의 경기를 시청한답니다."

- 미국 대통령 제너럴 포드

"지금은 참 좋은 시절이에요. 하지만 그 사실을 아는 이는 별로 없죠."

- 헨리 포드, 1931년 대공황 시기에

그냥 이상해

"제 심장은 여러분들처럼 검은색입니다."

- 마리오 프로카치노, 전 뉴욕 시장 선거의 백인 후보,
흑인 청중들에게 연설을 하며

"티투스 황제의 주치의, 아폴리나리스가 여기에 시원하게 똥을 누었음."

- 아폴리나리스, 폼페이 유적의 벽에서 발견된 고대 낙서

"곰이 날 잡아먹게 내버려 둬라."

- 베수비오 산 근처에서 발견된 고대 낙서

"아펠레스 무스, 그의 형 덱스터와 함께 [여기에 왔다]. 우리는 여자애들 두 명과 함께 두 번 섹스하며 아주 좋은 시간 [말 그대로 사랑 넘치는]을 보냈다.

- 베수비오 산 근처에서 발견된 고대 낙서

"고백합니다. 우리가 침대에 오줌을 쌌어요. 죄송합니다, 여인숙 사장님. 왜 그랬냐 하면, 방에 요강이 없었기 때문이에요."

- 고대 로마 낙서

"셰익스피어, 아랍 출신의 위대한 극작가."

- 무함마드 카다피. 리비아의 괴짜 지도자, 셰익스피어의 이름을 셰익 주바이르(Sheikh Zubayr)와 비교하며(셰익스피어가 아랍 출신이라는 음모론이 나오며 그의 이름이 실제 셰익 주바이르라는 주장이 나왔다 – 옮긴이)

"당신은 대중이 생각하는 것에 너무 신경을 많이 써요. 그래서 우리에게 가장 좋은 길에 걸림돌이 된다고요!"

- 자넷 스미스, 수녀이자 캘리포니아 의회 의원. 공공 기금으로 만찬 비용을 지불한 데에 다른 의원들이 항의하자 이에 대한 대답으로.

"동물 이야기가 나와서 말인데, 그는 대학교에 다닐 때 그의 아내 수잔과 결혼했습니다."

- 마이크 리빗 유타 주지사, 상원 의원 래리 크레이그를 소개하는 자리에서

말로 깎아 내리기
"인류가 스스로 평가를 박하게 내리는 이유는 지혜 대부분을 작가들에게서 얻기 때문이다."

-윌프레드 쉬드, 작가

"그는 형편없는 소설가이며 바보다. 보통 이런 조합은 미국에서 엄청난 인기를 불러일으킨다."

- 고어 비달, 동료 작가인 알렉산드르 솔제니친을 두고

"당신의 오페라가 맘에 드오. 그래서 음악으로 맞추어 볼 생각이오."

- 루드비히 반 베토벤, 다른 작곡가에게

(베토벤은 생전에 오페라를 싫어했다 – 옮긴이)

"혼자서 멍청한 짓을 이따금 할 수는 있지, 하지만 팀워크를 능가하는 진짜 멍청이는 없다."

– 마크 트웨인

"연극은 엄청난 성공을 거두었지만, 청중은 재앙과도 같았다."

– 오스카 와일드

"고인에 대해 험담을 해서는 안 된다. 좋은 이야기만 해야 한다……조안 크로포드는 죽었다. 잘됐네."

– 베티 데이비스
(미국의 배우 베티 데이비스와 조안 크로포드는 앙숙으로 유명했다 – 옮긴이)

"나는 얼굴을 잊어버리는 법이 결코 없는데, 당신의 경우에는 예외를 두어야겠소."

– 크루초 막스

"단 두 가지만이 무한하다 – 우주와 인간의 어리석음, 그런데 전자에 대해서는 나도 확신할 수 없다."

– 알베르트 아인슈타인

우리가 그렇게 이름을 지었다고?

창의력은 인간의 가장 위대한 재능 중 하나이다. 특히 우리가 말 장난을 칠 때 이 능력이 위력을 발휘한다. 여기에 창의력과 말놀이가 결합한 재미있는 사례를 소개한다!

기이한 도시명

레무(Lemu), 핀란드

'레무'라는 낱말은 해석하자면 '나쁜 냄새'라는 뜻이다. 그렇다고 해서 도시에 나쁜 인상을 받지는 마시길. 이곳은 중세 시대의 사랑스 러운 건축물을 볼 수 있는 작고 예스러운 도시이다.

액시던트(Accident), 매릴랜드

미국에 있는 작은 마을로 인구가 300명 언저리밖에 되지 않는 아 주 작은 마을이다. 누군가는 그곳에 태어난 것이 'Accidental(우연)' 이라고 말한다. 유머가 넘치는 사람들 같으니. 나도 이 농담이 마음 에 든다.

푸(Poo), 스페인

경치 좋은 해변에 있는 작고 사랑스러운 마을이다. 다행히 이름이 전부는 아니다. (poo: 똥이라는 뜻 - 옮긴이)

노멀(Normal), 일리노이

이 도시는 시카고에서 자동차로 두 시간 정도 거리에 떨어져 있는

데, 여러분도 예상했다시피 그냥 평범한 곳이다.

외드(Oed), 오스트리아

평범한 주제를 계속하자면, '외드'라는 이 아름다운 마을의 이름은 '지루하다'라는 뜻이다. 동네가 말 그대로 느긋한 장면의 연속이지만, 그래도 아름다운 것만은 확실하다!

치킨(Chiken), 알라스카

이곳은 골드러시(gold rush: 19세기 미국에서 불었던 금 캐기 열풍 – 옮긴이) 이후 남겨진 광산촌으로, 도시라고 부르기에는 너무 작다. 지난 몇 차례 인구 조사에서도 인구수는 스무 명 아래에 머물렀다.

컷앤슛(Cut and Shoot), 텍사스

텍사스 주에서 가장 특이한 이름을 가진 도시 중 하나로, 인구는 대략 천 명 정도 된다.

엠버러스(Embarrass), 미네소타

이곳은 이 당황스럽게 이상한 이름보다는 미네소타 주에서 가장 추운 지역으로 정평이 나 있다.

랜바이어푸흘권기흘(Llanfairpwllgwyngyllgogerychwyrndrobwllllantysiliogogo-goch), 웨일스

이 마을의 이름을 읽으려면 최소한 두 번이나 세 번은 크게 숨을 쉬어야 한다. 하지만 대부분은 줄여서 랜페어라 부른다. 유럽에서 가장 긴 이름을 가진 도시로 명성이 자자하다.

실제 사람들의 기이한 이름들

크리스털 메테니Crystal Metheney ☞ 플로리다 여성

크리스 피 베이컨Chris P. Bacon

피드 퍼디Pid Purdy ☞ 미국 야구 선수

마이크 리토리스Mike Litoris

삼성Sam Sung ☞ 애플Apple 전문가

플레이버 볼스Flavour Balls

머핀 로드Muffin Lord

배트맨 빈 수파맨Batman Bin Suparman ☞ 싱가포르에서 온 젊은 남자

지저스 콘돔 Jesus Condom

Dixie Normous딕시 노머스

Anurag Dikshit아누랙 딕쉿

Matthew Correspondent매튜 코레스판던트 ☞ BBC 뉴스 기자

Wendy Wacko 웬디 왁코

Filet Minyon 필레 미뇽

Sue Yoo수 유(sue:고소하다) ☞ 믿거나 말거나, 변호사라네!

브랜드와 상점, 기타 등등

재 쓱싹 굴뚝 쓱싹Ash Wipe Chimney Sweeps ☞ 일리노이의 사업체

우 아가씨 누가 당신 머리를 미용실Ooooh Girl Who Did Your Hair Salon

☞ 머리는 여기에서 하시길

알부케르크(동양 식민지를 건설한 포르투갈인-옮긴이) 상점salon in

Albuquerque, ☞ 뉴멕시코

죽여주게 말고 염색해주는 집Curl Up & Dye ☞ 유머를 담은 또 다른
미용실

웍질은 이쪽으로Wok This Way ☞ 샌프란시스코에 있는 중국집

판의 무덤Vinyl Resting Place ☞ 포틀랜드에 있는 레코드 가게

돌로 한바탕Let's Get Stoned, Inc. ☞ 화강암으로 주방용 조리대와 화
장대를 만드는 회사

포도 행성Planet of the Grapes ☞ 런던에 있는 와인바

슈어락 홈스Surelock Holmes ☞ 포츠머스에 있는 자물쇠 수리업체

스프루스 스프링클린Spruce SpringClean ☞ 영국 콘월에 있는 카펫 및
덮개 세척 서비스업체

동물

길퍼트 포토루Gilbert's potoroo ☞ 캥거루의 일종, 멸종 위기

도치Spiny lumpsucker ☞ 바닥에 흡착하여 사는 작은 물고기

진균 딱정벌레Pleasing fungus beetle ☞ 무당벌레랑 비슷하게 생긴 것
으로 추측한다

애기아르마딜로Pink fairy armadillo ☞ 포켓몬으로 만들어보기를 진지
하게 권한다

악마 나뭇잎 꼬리 도마뱀붙이Satanic leaf-tailed gecko ☞ 이름만큼이나
귀여운 도마뱀붙이

테설드 와비공(술 달린 수염상어)Tasseled wobbegong ☞ 카펫 같은 생김
새의 상어

아이스크림 콘 지렁이(갯지렁이과)Ice cream cone worm ☞ 이름을 간단

히 할 필요가 있다

부발하테비스트Bubal hartebeest ☜ 영양 같이 생긴 멸종 동물

뷰스 뷰스Boops boops ☜ 감성돔과(科) 물고기

프라이드 에그 해파리Fried egg jellyfish ☜ 정확히 이름처럼 생겼다!

어디에서 왔지?

아담의 사과(후골-성인 남자의 튀어나온 목젖 부분)

여느 이름이 그렇듯, 후골, 영어로 아담의 사과Adam's Apple 는 별생각 없이 쓰는 말이다. 하지만 이 단어의 어원은 문자 그대로 단순하다. 물론 아담과 이브가 정말 저주받은 사과를 먹었는지 (아니면 무슨 과일이든) 알 수 없지만, 여기에서 아담의 사과라는 말이 생겼다. 왜냐하면 사과를 먹다가 조각 하나가 목에 걸렸다고 전해지기 때문이다. 이것은 일종의 물렁뼈이다 (여성도 있으나 남성만큼 튀어나오지 않았다).

매듭을 묶다: 결혼하다(Tying the Knot)

결혼을 뜻하는 관용구로, 고대 아일랜드의 드루이드족이 '손을 꼭 잡고 약혼'한다는 데에서 유래했다. 신랑과 신부가 가족이 되는 의식을 치르는 동안 드루이드 성직자가 두 사람의 손을 묶었기 때문이다. 이러한 전통은 지금도 이어지고 있다!

대담한 업적

열차 침입자들

조제프 피우수츠키는 폴란드의 열정적인 정치가로, 가슴속에 자유를 향한 열망을 품고 있었다. 폴란드는 1700년대 후반 분열되어 오랫동안 러시아와 프러시아, 오스트리아의 침략을 연달아 당했다. 식민 지배로부터 국민들을 해방하는 사명을 완수하고 폴란드의 독립을 이루기 위해서는 돈이 아주 많이 필요했다.

1908년 9월 26일, 위험천만한 열차 강도를 몇 시간 앞두고, 그는 일종의 유언장 형식으로 친구에게 편지를 썼다.

> "돈……그 빌어먹을 돈이면 돼! 겁쟁이가 되어 어린아이 같이 되어버린 폴란드 국민들에게 구걸하느니 싸워서 쟁취하겠네. 나는 돈이 없어. 그리고 내가 추구하는 목적을 달성하려면 꼭 돈이 있어야 해."

그와 함께 남녀가 섞인 사람들 스무 명은 약탈을 앞두고 리투아니아의 베즈다니에 모였다. 목표는 세금을 잔뜩 싣고 러시아로 달려가는 우편 열차였다. 강도 중 여섯 명은 승객인 척했고, 나머지는 양옆에서 습격할 때까지 기다렸다.

열차 바퀴가 굴러가자, 한 그룹이 역의 전력을 장악하고 외부와의 통신을 꺼버렸다. 다른 그룹은 폭탄과 화력으로 열차를 공격하여 무장한 화물차를 뚫었다. 그 장면은 마치 오래된 영화의 한 장면을 연상시켰다. 강도들은 돈을 천 가방에 쑤셔 넣었다.

오늘날 값어치로 4백만 달러가 넘는 세금이었다. 전리품을 확보한 강도들은 각기 다른 차에 나눠 타고 다른 방향으로 떠났다. 역사상 가장 성공적인 열차 강도 사건 중 하나였을 뿐만 아니라, 여기서 훔친 돈은 피우수츠키가 수년 동안 비밀 군사 조직을 이끄는 자금으로 사용되었다.

1918년, 폴란드는 독립 국가임을 공식적으로 선언하였고 피우수츠키는 초대 지도자로 추대되었다.

최후의 보루

약자가 강력한 적과 맞서 싸우는 영화 같은 이야기를 찾고 있다면, 멀리 갈 것도 없이 16세기 에게르에서 일어난 최후의 항전을 보라. 헝가리의 도시인 에게르는 오스만 제국의 마지막 전략적 요충지 중 하나였다. 투르크인들은 영역을 확장할 기회를 노리고 있었고 에게르는 군사적으로 중요한 지역이었다. 에게르를 통해 근처의 도시였던 카사로 들어갈 수 있었기 때문이다. 카사는 은광과 금광이 있어 헝가리에 부를 안겨 주었고 비엔나로 가는 길목이기도 했다. 따라서 에게르만 손에 넣으면 카사도 손쉽게 포위할 수 있었다.

투르크 군사 약 8만 명이 역사적으로 길이 남을 포위 작전을 펼쳤다. 침략으로부터 자신들의 고향을 지키겠다고 맹세한 에게르의 영혼들은 50대 1로 고작 2천 명밖에 되지 않았다. 투르크군은 150개가 넘는 화포와 대포 15개를 쏘아댔다. 그들은 벽 아래에 폭탄을 설치하고, 벽에 불을 놓고, 벽 너머로 불이 붙은 화살을 날렸지만 – 아무런 소용이 없었다.

39일이 지난 후 투르크군은 패배를 인정할 수밖에 없었다. 에게르 인들은 3분의 1이나 되는 목숨을 잃었지만, 적군 수만 명을 천신만 고 끝에 몰아내었다. 이때 일어났던 포위 공격은 헝가리뿐만 아니라 나머지 다른 지역에도 애국심과 용기를 고취시키는 좋은 본보기가 되었다.

끝없는 결투

앤디 보웬과 잭 버크는 서로를 굴복시킬 수 없었다. 이 두 권투선 수는 1893년, 루이지애나의 뉴올리언스에서 맞붙었는데, 역사상 가 장 긴 경기를 치른 것으로 알려졌다. 두 사람이 싸운 시간은 무려 7시 간 19분이었다. 일반적으로 사무실에서 하루치 일하는 시간과 맞먹 는다.

경기는 각각 3분씩 진행하는 라운드로 쪼개졌고…… 그래서 총

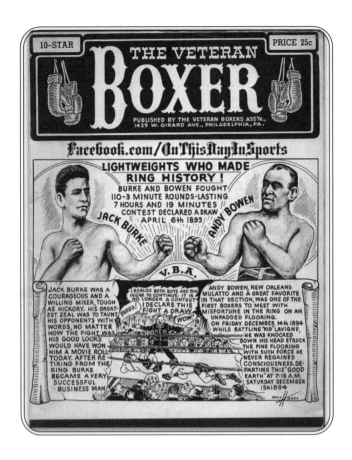

110라운드나 치러졌다. 자 한번 해보자고. 결국 맞대결의 끝은⋯아무도 승리하지 못했다. 두 선수는 계속해서 경기를 했고, 계속 싸웠고, 그리고 마침내 심판은 비겼다고 선언했다.

버크의 두 손은 골절되고 말았고 두 선수 모두 계속해서 부상을 입었으며 쓰러지기 일보직전까지 갔지만 – 이들은 멈추지 않았다. 처음에 9천 명으로 시작했던 관객들은 시간이 흐르며 서서히 경기장 밖으로 빠져나갔다. 경기는 저녁 8시에 시작해 새벽 3시까지 이어졌다. 경기가 끝날 무렵에는 두 사람의 몸무게가 각각 4킬로그램이 넘게 빠졌다. 관객 중에는 경기를 끝까지 본 사람도 많이 있었을 것이다.

두 사람은 라이트급 선수권 대회의 우승과 2,500달러 상금을 놓고 싸웠다. 오늘날 현금 값어치로 따지면 60,000달러에 달하는 금액이다. 심판은 상금을 반으로 나누라고 제안했다.

이 어마어마한 맞대결은 사람의 의지력이 얼마나 대단한지 보여준다. 두 사람은 일곱 시간이나 싸울 필요가 없었다 – 다음 3분을 위해 싸우고. 휴식. 그리고 또 단 3분만을 위해 싸운다. 그들의 체력과 강인함은 두말할 것도 없이 어마어마했다. 하지만 더욱 놀라운 것은 결코 포기하지 않겠다는 단단한 정신력이었다.

가장 이상한 세계 기록

30초 안에 케첩 봉지를 (찢지 않고) 몇 개나 열 수 있을지 궁금해본 적이 있을까? 1분 안에 포춘 쿠키 안에 들어있는 글귀를 읽고 쿠키를 먹는 건 몇 개까지? 그래, 나도 궁금한 적이 있다. 그리고 남들보다 기발하고 앞서 생각하는 신기록 수립자들도 그랬다. 이제, 여기에 도전장을 내밀고 이상한 기록을 깨려는 사람들이 있다 – 그러니 여기에 나온 기록은 이 글을 쓰고 있는 지금만 정확할 뿐 언젠가는 꼭 깨질 거라는 것을 유념해 두시길. 당연한 말씀. 가장 높은 위치에서 소시지를 떨어뜨려 핫도그 빵에 정확히 넣는 기록을 그 누가 마다하겠는가?

☞ 막대사탕을 핥아서 중심에 닿기까지 얼마나 걸리는지 아는 사람은 아마 없을 것이다. 하지만 에밀리 윌슨은 몇 번을 핥아야 사탕이 뾰족한 바늘 모양으로 되는지 정확히 알고 있었다. 바늘만큼 작아지는 데에는 고작 2분하고도 54.84초밖에 걸리지 않았다고 한다. 아마도 에밀리는 그걸로 산타클로스라도 찌르고 싶었나 보다.

☞ 세상에서 가장 짧은 노래는 네이팜 데스가 부른 'You Suffer' 이다. 정확히 1.316초밖에 되지 않는다. 한 번 들어보라. 진짜로 다 듣는 데 2초도 걸리지 않을 것이다.

☞ 네팔의 타네스와 구라가이는 기록을 깨는데 일가견이 있는 사람이다. 이 글을 쓰는 순간까지 그는 14개의 기록을 보유하고 있었으며 지금도 기록 갱신 중이다. 그중 내가 가장 좋아하는

기록은 발가락으로 농구공을 가장 오랫동안 돌리기이다(20초 걸렸다). 그리고 칫솔로 농구공을 가장 오래 돌린 기록도 가지고 있는데(그것도 칫솔을 입에 문 채로), 정확히 22.41초 걸렸다.

☞ 발가락에 대해 더 이야기하자면, 800년에 발가락으로 류트(기타와 비슷한 고대 현악기-옮긴이)를 연주하는 고대 노르웨이인의 조각상이 있다. 발로 기타를 칠 수 있는 사람들이 있기는 하지만, 이런 방식으로 류트를 치는 사람은 그가 유일할 것이다.

☞ 스캇 레이넨은 한 번에 모자를 가장 많이 쓴 사람이다. 정확히 51개를 썼다. 그런 자신을 두고 뭐라고 말했을까? "모자가 깜짝 놀랄 정도로 무겁더군요."

☞ 머리에 가장 많이 쓸 수 있는 속옷은 총 47개인데, 캘리포니아

출신의 페이지 허버트가 이 기록을 가지고 있다. 그리고 '속옷 입기'에 대한 또 다른 소식이라면, 호주의 스티브 제이콥스라는 남자는 ('정상적인' 방법으로) 속옷을 가장 많이 입은 기록을 가지고 있다고 한다. 무려 266벌.

☞ 나는 이 세계에 대해 아는 것이 많지 않지만, 이것만은 확실히 알고 있다. 아비스(Arby's: 샌드위치 프랜차이즈-옮긴이)에서는 코카콜라를 마실 수 있다는 것. 28,922.10 평방미터에 달하는 세상에서 가장 큰 광고를 세웠으며(윈저 성의 절반에 맞먹는 크기다), 이 광고판에는 딱 이 글귀 하나만 쓰여 있다. 농담하는 거 아님. "아비스가 이제 코카콜라와 함께 합니다." 메시지 수신 완료!

☞ 캐나다 여성 멜 샘슨은 15초 안에 케이크(피자였나?)로 얼굴을 가장 많이 때리는 기록을 세웠다. 그 뜨겁고 치즈가 쭉쭉 늘어

나는 피자를 210번이나 맞았단다.

☞ 또 다른 캐나다인 (당신들 도대체 왜 그래?) 크레이그 모리슨은 30초
안에 가장 많은 케첩 봉지를 (찢지 않고) 꾹 눌러서 여는 기록을 세
웠다. 총 7개를 열었다고 한다. 피범벅으로 오해하기 딱 좋겠군.

☞ 한 번에 가장 많은 넥타이를 맨 기록은 오푸스 모레스키가 보
유하고 있는데, 무려 97개를 맸다. 여러분이 도전을 하고 싶다
면, 일단 넥타이 매는 법을 잘 익혀야겠고 (97개는 고사하고 하나
도 제대로 못 매는 사람들이 수두룩하다), 이 남자보다 혈액 순환이
더 잘 되어야겠다.

☞ 내가 가장 좋아하는 세계 기록은 '드라이브스루에 한 번 주문

할 때 질문을 가장 많이 받은 횟수'이다. 스티브 페스터는 그날 창문에서 일하고 있던 불쌍한 영혼에게 33번이나 질문을 했다고 한다. 살면서 한 번쯤은 드라이브스루에 간 적이 있을 테니, 질문을 단 한 번만 하는 게 얼마나 어려운지 잘 알 것이다. 그가 한 질문 중 가장 마음에 드는 것은 23번째 질문이다. "빅맥 맥머핀 하나 살 수 있을까요?"

☞ 올림픽 경기에서 투창 던지기를 하듯, 플로리다의 조쉬 플라이서는 프린터를 가장 멀리 던진 기록을 가지고 있다. 맞다, 사무실에서 쓰는 프린터. 그는 그 물건을 8미터 넘게 던졌다고 한다.

☞ 캘리포니아 토박이인 댄 켄달은 비디오테이프를 2미터 높이까지 세운 기록을 보유하고 있다. 일리노이에 사는 브라이언 팬키는 비디오테이프 25개를 턱 위에 놓고 가장 오랫동안 균형을 유지한 기록을 세웠다. 그의 기록은 7.15초였다.

☞ 롤리 의자는 최고다. 나는 회전하지 않는 의자가 왜 있는지 모르겠다. 비회전 의자는 반대! 바퀴만 굴리면 한 곳에서 다른 곳으로 쉽게 자리를 옮길 수 있고, '세상에서 가장 기다란 사무용 의자 사슬을 만들어 오토바이가 끌고 갈 수 있게' 할 수 있다. 사무실은? 와이든 앤 케네디(Widen and Kennedy's: 광고회사)가 최고다.

☞ 럭키 참(시리얼 브랜드의 이름-옮긴이)으로 가장 커다란 '턱수염'을 만든 사람은 뉴욕에서 온 저스틴 지냐이다! 무려 61개나 붙여서 만들었다. 여러분도 어렸을 때 한 번쯤은 해보았을 거다. 이 기록을 달성하는 데 필요한 유일한 요건은: 우유로만 붙일 수 있다는 것. 마시멜로우도 꼭 들어가야 하고, 턱수염이 있는 곳에만 붙여야 한다. 나는 얼굴에 붙어 있는 시리얼을 먹지 않고 버티기가 참 힘들었다. 이 기록을 깨고자 도전하는 모든 이

들에게…… 행운을 빌어요!

왜 계속 하는 거지

아직도 그러고 있다고? - 드롭 캡(Drop Cap)

영어로 쓰인 책을 읽다가, 문단의 맨 앞에 있는 알파벳이 다른 알파벳보다 큰 경우를 보고 왜 그럴까 궁금한 적이 있을 것이다. 이것을 '드롭 캡'이라고 부른다. 드롭 캡은 중세 시대에 책을 쓸 때 장(章)이나 문단을 나누지 않으면서 (단순히 문장을 계속해서 썼다고 보면 된다) 사용하기 시작했다.

새로운 문단이나 주제, 또는 의견이 시작한다는 것을 표시하기 위해 그냥 커다랗고 화려한 모양의 글자를 썼던 것이다.

오늘날 우리는 장과 문단을 확실히 구분하기 때문에 드롭 캡은 불필요하다. 하지만 나는 두 가지 이유에서 이 책에서 드롭 캡을 썼다. 내가 워낙 청개구리 같은 성향을 지녔기 때문이고, 이 책에서 중세 시대도 다룰 것이라 원래 상태로 돌려놓고 싶기 때문이다.

별별 집착

지나친 집착이 미치광이로 이어지는가 하면, 미치광이가 지나친 집착에서 비롯되기도 한다. 이걸 보니 케케묵은 수수께끼가 떠오른다. 닭이 먼저인가, 달걀이 먼저인가? 정답을 말할 수는 없지만, 아래에 언급하는 사람들 중 일부는 달걀의 머리라고 말할 수 있다.

종을 울리는 자

광기는 핏줄을 타고 흐른다. 그리고 왕족의 이야기만큼 이를 극명히 보여주는 사례는 없다. 누군가가 모든 역사를 통틀어 미치광이 왕족에 관한 책을 몇 권 쓸 수 있다고 해도, 이들의 기괴함을 다 담지는 못한다. 기이한 왕 하면 떠오르는 이들 중 하나는 러시아의 표도르 1세로, 그는 종에 불가해한 집착을 보였다. 그는 자신의 아버지였던 '이반 뇌제(雷帝)'가 세상을 떠난 1584년 왕위를 물려받았다.

'이반 뇌제'와 같은 부모를 두면 그의 아버지가 바라는 것과 반대되는 결과를 가져올지도 모른다. 표도르 1세는 소극적인 성향의 지도자였으며 대부분의 관심사가 신앙에만 몰려있었다. 덕분에 그는 러시아의 모든 교회와 수도원의 종을 치러 갈 구실을 만들었다. 그의 종에 대한 집착은 너무나 유명해서 그는 두 가지 별명으로 불렸다. 축복받은 표도르, 그리고 종치기 표도르.

알몸으로 수영하는 대통령

미국의 6대 대통령이었던 존 퀸시 애덤스는 매일 같은 시간에 일어나 일지를 쓰고, 하루도 어김없이 알몸으로 수영을 하러 갔다. 아마도 완전히 발가벗지는 않았을 것이다. 물안경과 수영모는 썼다. 하지만 사람들이 아무리 가까이 있어도 대통령은 알몸으로 물에 들어가고는 했다. 누군가는 그를 두고 알몸 수영 창시자라고 했을지 모른다.

그는 이 일과를 추정컨대 중년 즈음에 시작해서 노년까지 지속했다. 수많은 위험과 목숨을 위협하는 사고가 일어났지만 자신의 건강에 미치는 엄청난 효과를 거부할 수 없었다. 1822년, 찰스 잉거솔 하원의원은 다음과 같이 썼다.

애덤스 대통령은 워싱턴에서 고난의 시절을 몇 년 보내고도 건강을 잃지 않았던 이유가 수영 덕분이라고 생각한다.

대통령은 때가 되면 포토맥까지 1.6킬로미터 거리를 8일 연속으로 4시부터 7시까지 걸어갔으며, 15분에서 40분가량 수영을 했고, 그 다음 다시 집으로 걸어갔다. 썰물이 찾아오는 엿새만 빼고 14일 중 8일은 수영을 했다. 정말 훌륭한 시스템이 아닐 수 없다(대통령은 매우 날씬하다).

기자였던 앤 로열과 얽힌 재미있는 일화도 있다. 앤은 대통령의 옷을 숨겨 놓고 그가 인터뷰를 하겠다고 동의해야지만 돌려주겠다고 했다. 하지만 (반 페미니즘으로 보이는) 이 이야기는 근거 없는 낭설로 밝혀졌다. 로열과 대통령은 서로 친한 사이였기 때문에 실업률에 대한 대통령의 생각을 듣기 위해 무방비 상태의 대통령을 잡을 필요는 없었다.

술탄을 위한 설탕

이브라힘 1세는 1600년대에 터키를 다스리던 술탄(이슬람 왕국의 왕)으로, 오스만 제국에서 가장 괴팍한 왕 중 하나로 알려져 있다. 심지어 그가 술탄이 된 이유는 그의 형(다른 형제들을 모두 죽였다)이 이브라힘만 살려두었기 때문이었다. 형의 시선에서 이브라힘은 별로 위협적인 존재가 아니었다. 겉보기에 그는 정신적으로 많은 문제를 안고 있었다.

대신 이브라힘은 형이 형제들의 목숨을 하나씩 앗아가는 동안 거의 평생 갇혀 지냈다. 그는 너무나 오랫동안 – 여덟 살 때부터 – 갇혀 지낸 탓에, 다음 희생양은 자신일 것이라는 두려움이 그의 예민한 정신 상태를 더욱 불안정하게 만들었다. 하지만 그의 형이 세상을 떠나자, 이브라힘은 그 뒤를 이어 술탄이 되었다. 드디어 그의 시대가 찾아온 것이다.

이브라힘이 사람들의 기억 속에 남은 큰 요인 중 하나는 그가 뚱뚱한 여인들에게 집착했기 때문이다. 어느 날 그는 암소의 성기를 보고 – 맞다, 진짜 소 – 거기에 너무 꽂혀서, 신하들을 시켜 나라에서 가장 커다랗고 특히 비슷한 모양을 가진 여자들을 찾아오도록 했다. 아이고 민망해라.

오스만 제국의 북부지방에서 신하 한 명이 160킬로그램에 육박하는 여자를 데리고 돌아왔다. 더 볼 것도 없이 그녀는 조건에 딱 맞았다. 여자는 아브라힘 1세가 거느리고 있던 300명의 여인들을 제치고 그가 가장 좋아하는 첩이 되었다. 왕은 여자가 너무나도 좋아서 다마스쿠스의 총독 자리에 앉히고 봉급까지 주었다. 그리고 그중에서도 가장 흥미로운 부분은? 왕은 그녀에게 'şeker pare'라는 애칭을 붙여주었는데, 직역하면 '설탕 한 조각'이라는 뜻이었다. 설탕은 입에 좋은 맛을 남기지 않는가.

별별 공포증

"내게는 세 가지 공포증이 있다.
그것들을 잠재울 수 있다면, 내 삶은 소네트처럼 매끈하겠지만
도랑물처럼 흐릿해지겠지. 나는 잠자러 가는 것과 일어나는 것,
혼자 있는 것이 싫다."

- 탈룰라 뱅크헤드

거울 공포증

이 공포증은 자만심이 강한 사람들에게 해당하는 것이 아니다. 거울에 대한 극심한 두려움을 느끼는 증상을 뜻하는데, 정확히 말하자면 거울로 자신을 바라보는 것을 극도로 무서워하는 것이다. 일반적으로 인생에서 외상 후 스트레스 장애를 겪거나 미신 따위에 사로잡혔을 때 나타난다.

숫자 공포증

수학을 싫어하는 사람들이라면 이 공포증을 다들 알고 있을 것이다. 숫자 공포증은 말 그대로 숫자를 무서워하는 증상이다. 이 증상을 겪는 사람들은 대개 자금 관리하는 일을 힘들어하고, 교통 신호 읽기를 어려워하거나 상점의 가격표를 잘 이해하지 못한다.

일 공포증

나처럼 꾸물거리는 데 일가견이 있는 사람들이라면 이 공포증의 영향을 많이 받을지 모른다. 일 공포증은 일에 두려움을 느끼는 증상이다. 19세기의 정치가였던 윌리엄 업슨은 1905년, 이 공포증을 두고 '게으름의 미학'이라 표현했다. 어떤 이들은 이 공포증이 장기간 계속된 스트레스와 실적 걱정, 그리고 실패에 대한 두려움과 관련이 있다고 본다.

깃털 공포증 Pteronophobia

이 이상한 단어는 깃털에 대한 두려움 또는 깃털 때문에 간지럼 탈까봐 두려워하는 것을 뜻한다! 어원을 군이 알려주자면, 프테론 pteron이 그리스어로 '깃털'을 뜻하기 때문에 붙여졌다. 대부분의 공포증이 그렇듯 깃털 공포증도 어릴 적 경험이나 간지럼을 타서 불쾌해질 것 같은 두려움이 원인일 수 있다.

수염 공포증

'수염에 대한 두려움'이라고 하면 인기 텔레비전 쇼에 나오는 오토바이 폭주족이나 폼에 살고 폼에 죽는 멋쟁이들에게나 붙는 이름인가 생각될 것이다. 하지만 뭐가 되었든 수염 공포증은 수염을 무서워하는 증상을 말한다.

'기이한 bizarre'은 동사다

"교수들은 우리가 역사의 재미를 알아내고,
기이한 일이 정말로 일어난다는 사실을 깨닫는 걸 방해해서는 안 된다."

– 버트런드 러셀

점잔 빼기

달리 표현하자면, 여기에 방귀를 표현한 어떤 시(시 맞다)뿐만 아니라 방귀에 대해 잘 알려지지 않은 사실들을 나열해 놓았다.

☞ 어번 딕셔너리Urban Dictionary에 따르면 모차르트의 방귀는 '치즈를 특별히 조화로운 방법으로 자르다'라는 뜻이라고 한다. 음악의 거장인 모차르트가 방귀와 그의 사촌 격인 똥에 집착했다는 사실을 알면 충격을 받을 것이다. 여기에 그가 자신의 어머니에게 보낸 편지 형식의 시가 있다:

그런데 어제, 왕이 방귀를 뀌는 소리가 들렸어요.
꿀을 바른 타르트처럼 달콤했지요.
가장 강한 목소리는 아니었지만
여전히 강력한 소리였다지요.

그는 'Leck mir den Arsch'라는 음악을 작곡하고 위 가사를 붙였다. 번역하자면 '내 엉덩이를 핥아라'라는 뜻이다. 또한 그는 짧은 시구로 편지를 썼는데 후에 전설로 남았다. 곧잘 화를 내는 성미라면 발걸음을 가볍게! 그중 대강 쓴 글귀 일부를 소개하자면 이렇다.

"이제 기분 좋은 밤을 보내시기를. 온 힘을 다해 똥을 싸고, 편안한 마음으로 잠을 청하세요. 그리고 당신 뒷구멍에 스스로 입맞춤해보는 건 어때요." 또는, "좋아, 내 피부는 소중하니까, 당신의 코에 똥을 싸겠어. 그러면 턱까지 질질 흐르겠지."

참 시적이네!

☞ 17세기의 시인이었던 존 서클링은 사랑과 고통, 그리고 방귀에 대한 시를 다음과 같이 썼다:

사랑은 방귀
그 누구에게나
가까이 두면 고통스럽다네
그리고 날려버리면 다른 이들은 불쾌해하지

☞ 히틀러는 평생 동안 방귀를 조절하지 못하는 고통에 시달렸다. '비명이 나올 정도로' 격렬하게 아파한 적도 많았다고 한다. 이미 정신이 살짝 나간 상태이긴 했지만, 지속적인 복부 팽만과 통증이 그의 정신 상태에 더욱 영향을 주었던 것이 틀림없다. 그는 스트리크닌(독)에서부터 아트로펜(신경 차단 물질)에 이르기까지 의사가 처방해준 약에 중독 직전까지 갔다.

나는 그가 당한 고통이 신의 형벌 중 하나라고 생각하지만(뭐 그렇다고 마땅히 받아야 할 벌에는 한참 못 미치지만), 그의 채식주의 식단이 원인이라 말하는 이들도 있다. 내가 보기에는 꽤 아이러니하다.

☞ 벤저민 프랭클린은 '자랑스럽게 방귀를 뀌자'라는 에세이를 브뤼셀 왕립 아카데미에 쓰면서 방귀 냄새를 더 좋게 만들 수 있는 방법을 찾아보라고 촉구했다. 그러니까, 우리가 먹는 음식에

따라 방귀의 냄새가 달라진다면, 반대로 더 좋은 방향으로 만들 수 있지 않을까?

그는 화학 물질이나 약을 찾아서 음식에 섞는 시도를 했는데, 그렇게 하면 '우리 몸에서 나오는 방귀의 본래 냄새를 불쾌하지 않게 할 뿐만 아니라 향수처럼 용인되게 할 수 있을 것'이라나. 그는 이러한 발견이 실질적으로 사회에 유용하리라 말했는데, 그의 연구 대부분이 사실은 쓸모없다는 사실을 암시하는 바이기도 하다. 그는 자신이 최근에 읽은 연구가 1 파딩(farthing)의 값어치도 없다면서 편지를 끝맺었다.

☞ 오락거리로서 방귀가 인기 있는 취미 활동이 되자, 여기에 걸맞은 이름도 필요해졌다. 코미디언이나 바이올리니스트, 예술가가 있듯이, '플래툴리스트flatulist' 그러니까 한국어로 적절히 바꾸자면 '방귀스트'가 있다. 조셉 푸졸은 20세기 초반 프랑스에서 활동했던 방귀스트였는데, 방귀의 길이와 음색을 조정하여 사람들과 동물, 멜로디를 흉내 내는 재주가 있었다. 그가 무대 위에 오를 때 이름은 '라 페토마네La Petomane'였는데, 대충 '유연한 항문'이라는 뜻이었다. 정보를 주어서 고맙다니, 천만의 말씀!

무도광: 행복한 전염병

'성 비투스의 춤'이라고도 일컬어지는 무도광은 미친 듯이 춤을 추는 병으로 중세에 퍼진 전염병 중 가장 신나는 병이라 할 수 있다. 아무튼, 성 비투스는 신성 로마 제국에서 춤의 수호신이었다. 이 열

병은 7세기에서 시작되어 17세기까지 이어졌는데, 수십 명에서 수천 명에 이르기까지 수많은 사람들을 휩쓸고 지나갔다. 사람들이 커다란 무리를 이루어 거리로 뛰쳐나가 넋이 나간 얼굴로 춤을 추기 시작했는데, 병에 걸린 사람들은 지쳐 쓰러질 때까지 춤을 멈출 수 없었다.

1518년 프랑스의 스트라스부르에서는 400명에 가까운 사람들이 특별한 이유도 없이 한 달이 넘도록 쉬지 않고 춤을 추었다는 기록도 있다. 이러한 무도광이 일어난 이유에 대해, 항간에는 광적으로 번진 신앙과 신체적 질병, 심지어 악마에 홀렸다는 이론까지 난무했다. 스위스의 연금술사이자 천문학자였던 파라켈수스는 그러나 이 문제에 대해 나름대로의 의견을 내놓았다.

"이 병은 성도들의 일하고는 아무런 관련이 없다……
병의 원인은 그들의 영혼을 너무나 잘 아는 웃음 핏줄에 있다.

아주 미묘한 방식으로 그들을 간지럽혀 춤추고 들뜨게 만드는 것이다."

물리: 스포츠

정강이 차기Shin-Kicking의 미학

정강이 걸어차기는 영국과 웨일스에서 오랫동안 사랑받아온 스포츠로, 퍼링purring 또는 해킹hacking이라고도 불린다. 이 스포츠의 시작은 1600년대로 거슬러 올라가지만 지금도 여전히 하고 있다! 어떤 이들은 정강이 걸어차기를 영국의 무예라고 설명한다. 선수 두 명이 팔을 쭉 뻗고 서로의 어깨를 움켜잡고는, 서로의 정강이를 계속해서 걸어차며 상대방이 바닥으로 나가떨어지도록 만든다.

바지에 넣는 완충재로는 짚 외에 다른 것을 넣을 수 없다. 정강이 차기는 '주차장에서 만나자. 거기서 네 얼굴에 주먹을 날려주마'의 고대 버전 같다. 하지만 그렇게 말하는 대신 '경기장에서 만나자', 그리고 정강이를 걸어 차줄 테다. 아무리 아파도 끝까지 참는 사람이 승리자다. 더 이상 참을 수 없으면 언제든 '이제 충분하다'라고 외치면 된다. 하지만 자존심 높은 영국인들이 어디 패배를 인정하겠는가? 경기는 삼세판으로 진행된다.

치즈 굴리기: 미식가를 위한 스포츠

이 겨루기 대회는 내가 도저히 당해낼 수 없을 것 같다. 치즈 굴리기는 영국의 글로스터셔 주에서 열리는 대회로, 참가자들은 굴러가는 치즈 뒤를 쫓아간다. 대회는 1826년부터 시작되었는데, 많은 지역 주민들은 더 일찍부터 시작했다고 믿고 있다.《이상한 스포츠 백

과사전》이라는 책에 따르면, "이 대회는 팀 스포츠가 아니라 개인전이다"라고 한다. 전적으로 동의하는 바이다. 내가 이토록 치즈를 사랑하는 것은 그 누구도 이해하지 못하는 나만의 집착이니까.

대회는 커다랗고 둥그런 치즈를 언덕 꼭대기에 가져가며 시작된다. 참가자들도 언덕 맨 위에서 기다린다. 그런 다음, 둥근 치즈를 꼭대기에서 굴리면 사람들은 치즈를 차지하기 위해 재빨리 속도를 높인다. 가장 먼저 언덕 맨 아래에 닿은 사람이 우승이다. 우승 상품은? 웃어보세요, 치즈~!

아기를 울려라

일반적인 아기 부모들이라면 울고 있는 아기를 달래서 그치게 하는 것이 최대 목표이다. 하지만 해마다 도쿄에서는 부모들이 자신의 아기를 대회장에 데리고 가서 어떤 아기가 가장 시끄럽게 우는지 겨루어 본다. 이런 역발상적인 (그리고 아마 머리가 지끈지끈 아플지도) 전통은 우는 아기가 행복하고 건강하며 풍요롭게 자란다는 믿음에서 출발했다. 아, 그리고 악마도 물리쳐 준다나. 이 대회를 '나키 스모'라 부른다. 다음 장에서 미신에 대해 다루겠지만, 전 세계에는 이와 비슷한 믿음이 많다.

나키 스모라는 이름은 '나쿠 코 와 소다츠'라는 속담에서 나왔다. 대강 번역하자면 '우는 아기는 통통하게 자란다'라는 뜻이다. 여러분도 알다시피, 전 세계 문화권에서 둥글둥글한 몸매는 그다지 나쁘게 여겨지지 않는다. 부처님을 본 적이 있는가? 퍽 푸근한 얼굴을 하고 있다.

나키 스모 아기 울리기 대회에서 아기들은 스모 경기장에서 맞대결을 펼친다. 참가자는 반드시 첫 돌을 넘기지 않아야 한다. 대회장에 도착한 부모들은 아기를 신인 스모 선수들에게 맡기고 다른 참가자와 대결할 준비를 한다. 대회가 시작되면 신인 스모 선수들은 팔로 아기를 안고, 아기를 울리기 위해 할 수 있는 일을 총동원한다.

무서운 표정을 짓기도 하고, 무서운 가면을 쓰기도 한다. 그 작고 통통한 얼굴을 향해 "울어라! 울어! 울라고!" 소리 지른다. 그 동안 심판이 모든 과정을 심사한다. 심판이 심사하는 것은? 가장 처음에 울기 시작하여 가장 길고 가장 크게 우는 아이가 누구인지 보는 것이다. 우승 상품은? 물론 풍요롭고 건강하며, 넉넉한 삶이지!

우리가 그런 법을 만들었다고?

어느 나라나 희한한 법은 존재하게 마련이다. 역사가 길수록 법은 점점 더 이상해진다. 문화와 사람들을 주제로 한 재미있는 사연은 어느 나라에나 있지만, 어떤 점은 의문이 든다. 내가 궁금했던 점은, 정부가 "좋아, 그들이 한 것은 엄밀히 말해서 불법이 아니니까, 이제 이것을 정식 범죄로 만들어야겠어"라고 하며 움직이게 만든 최초의 천재는 누구일까, 라는 것이다. 여기에 황당한 법 몇 가지를 소개해 본다.

☞ 워싱턴에서는 공공장소에서 시끄럽게 잔소리를 하면 지금도 처벌을 받을 수 있다. 이 법은 1800년대까지 거슬러 올라간다. 영국 법에서는 공공장소에서 잔소리하는 사람을 이렇게 설명한다. "성미가 사납고 성가신 여성으로 이웃들과 시끄럽게 말다툼을 벌이는 사람. 이러한 사람들은 공공장소의 평화를 깨뜨리고 대중의 불화를 부추긴다." 다른 말로 바꾸면? 심술궂은 여자. 이런 사람들을 어떻게 처벌했는지 궁금하다면 계속 읽어나가라.

☞ 다음에 일리노이의 자이언에 간다면, 뻐끔거리고 싶은 동물들에게 시가를 주지 않도록 하자. 불법이다. 하지만 파이프나 담배는 괜찮다.

☞ 영국에서 핵폭발을 일으키면 불법이다. 비슷하게 중국에서도, 개인이 1천 킬로그램이 넘는 폭발물을 집에 보관하고 있으면 불법이다. 누가 그런 걸 가지고 있으려 한담?

☞ 테네시에서는 개구리가 밤 11시 이후에 울면 불법이다. 개굴 금지!

☞ 왕족 먼저: 영국에는 해안으로 표류한 고래나 철갑상어(물고기의 일종으로 현재 보호 어류)를 반드시 현재 재위 중인 군주에게 가장 먼저 바쳐야 한다는 법이 있다. 이 법은 1322년 시행되었다.

☞ 삼켜버릴 것! 애리조나의 굿이어에서는 "도시 내부 또는 공공장소의 도로나 횡단보도에서 침을 뱉으면 불법이다……."

☞ 1872년 공포된 영국 주류 법에 따르면 '펍에서 술에 취하는 것은 불법'이라고. 그러니 알아서들 하시길!

☞ 플로리다의 데스틴에서는 묘지에서 아이스크림을 파는 것이 불법이다. 아, 공동묘지에서 드라이브를 하는 것도. 폭주족은 묘지 출입 금지예요. 들었죠?

☞ 영국과 웨일스에서는 술에 취한 채 소 떼를 돌보는 것을 범죄로 여긴다. 여기 슬로건이 보이는군……. "술 마시고 소몰이 금지." 이와 관련하여, 술에 취한 채 말을 모는 것도 불법이다.

☞ 이번 편을 읽으면 다음에는 껌을 정말 맛있게 즐길 수 있을 것이다. 싱가포르에서는 껌을 파는 것이 불법이다. 껌을 팔면 최대 10만 달러의 벌금과 징역형에 처해질 수 있다. 껌을 씹는 것 또한 치료용 목적이라는 것을 증명하지 않으면 불법이다. 정서적 도움용 껌이라고요.

☞ 1976년까지, 영국에서는 1831년 런던 해크니 운송법에 속한 법이 있었다. 이 법에 따르면 모든 차들은 건초를 최소한 한 포대 이상 꼭 싣고 다녀야 했다. 왜 그러냐고? 원래는 말이 끄는 마차에만 적용되었던 법이었기 때문이다. 말이 건초를 먹는 것은 차에 석유를 넣는 것과 같았다.

☞ 영국에서 1867년 발효된 메트로폴리탄 도로법에 따르면, 경찰청장의 허가 없이 오전 10시부터 오후 7시까지 소를 몰고 차도를 돌아다니는 행위는 불법으로 간주된다.

☞ 1839년부터 시행되고 있는 법에 따르면, 영국에서 벨을 누르고 도망가는 장난은 금지다. 다른 말로 바꾸자면 '현관문의 벨을 눌러서 주민들을 고의로 괴롭히거나 합법적인 이유 없이 문을 두드리는 행위'는 불법이다.

☞ 남들을 괴롭히는 이야기가 나와서 말인데, 미시시피에서는 교회에서 예배를 드릴 때 훼방을 놓는 행동을 하면 불법이다. 만약 법을 어기면 벌금을 최대 500달러까지 내거나 6개월 징역형에 처해진다.

☞ 스위스는 정말 머리가 어떻게 된 것 같다……. 동물 복지에 관해 최근 도입된 법에 따르면 수조에 금붕어를 한 마리만 키우면 불법이라고 한다. 그러니까 반드시 두 마리 이상 키워야 한다. 금붕어는 사회적인 동물이기 때문에 혼자 외딴곳에 두는

것은 동물 학대라고 본다. 기니피그와 작은 앵무새 등 다른 동물에게도 이 법이 적용된다. 스위스 만세!

기가 막힌 죽음

달을 껴안다

중국의 시인이었던 이백은 글쓰기만큼이나 술을 사랑한 것으로 유명하다. 762년 달빛이 아름답게 비추던 밤, 그는 배를 타고 장강(양쯔강)을 건너고 있었다. 그는 물에 비친 달의 황홀한 모습을 보고 한눈에 반했다. 물에 비친 달을 안으려고 작정한 순간, 그대로 물속에 빠져 익사하고 말았다.

그가 죽음에 이르는 과정이 조금은 당황스러울 수 있지만, 내 생각에는 저세상으로 가기에 가장 좋은 방법 중 하나가 아닌가 한다. 너무나 시적이야. 달을 안다가 죽다니. 특히 그의 가장 유명한 시 중 하나인 〈월하독작(月下獨酌)〉이 뇌리에 잊히지 않는다. 여기에 시를 소개한다.

꽃 속에 술 단지 마주 놓고
짝 없이 혼자서 술잔을 드네.
밝은 달님 잔속에 마주하니
그림자와 나와 달이 셋이어라.
달은 본시 술 마실 줄 모르고

그림자는 나를 따르기만 하네.

잠시나마 달과 그림자 함께하여

봄철 한때나 즐기고자 하네.

내가 노래하면 달은 서성거리고

내가 춤추면 그림자도 따라 춤추네.

깨어서는 함께 어울려 놀고

취하면 각자 헤어지는 것.

무정한 교류를 길이 맺었으니

아득한 은하에서 다시 만나리.

칭칭 감겨서 갈 데가 없어

〈마우스 헌트〉 팬이라면 여기 소개되는 이야기를 특히 흥미로워할 것이다. 폴 토마스는 코네티컷에서 온 47살 남자인데, 그는 조지토마스 앤 선스 텍스타일이라는 회사의 공동 소유주였다. 1987년 8월 오후, 풍차식 옷감 기계(커다란 실타래에 감긴 양털실을 작은 실에 감는 기계)를 돌리고 있는데, 사고로 떨어지고 말았다.

사람들이 무슨 일이 일어났는지 알아채기도 전에, 폴은 수백 미터나 되는 실에 감겼다. 결국 그 불쌍한 남자는 700미터 털실 아래에서 질식사하고 말았다. 그는 현장에서 사망 판정을 받았다.

그의 죽음이 얼마나 희한하고 끔찍한지는 별개로, 그 상황에 할 말이 있다면 그 기계가 참으로 엄청났다는 것이었다. 사고가 눈 깜짝할 사이에 일어났던 터라 그 누구도 폴이 실패 속으로 빨려 들어가는 순간을 목격하지 못했다.

영화 〈마우스 헌트〉를 아직 보지 않았다면, 한 번 보시라. 아무도
털실에 감겨 죽지는 않지만, 일단 보고 나면 내가 왜 그 영화를 추천
하는지 알게 될 것이다. 폴을 대변할 수는 없어도 그가 영화에 나온
다음 대사와 확실한 연결 고리가 있다고 믿는다.

"너는 노끈을 참 좋아했더랬지……"

– 랄스 스먼츠, 〈마우스 헌트〉 중

손을 빌려주고 머리를 잃다

태국의 옛 명칭이었던 시암의 수난타 쿠마리안타나 왕비는 라마
5세가 가장 사랑하던 아내였다. 시암에서는 귀족이 아내와 첩을 여

러 명 두었고, 라마 5세는 자식을 82명이나 두었다는 기록이 있다. 그 82명의 아이 중 하나가 수난타가 낳은 지 얼마 되지 않은 딸이었고, 여기에 또 다른 아이를 임신 중이었다. 그 때문에 그녀의 비극적인 결말은 특히 더 가슴 아프고 어처구니없었다.

1880년 5월, 수난타는 두 살 난 딸, 그리고 왕실 수행원들과 함께 방파인에 있는 별장 중 하나인 '여름 왕궁'으로 여행을 떠났다. 여름 왕궁에 닿기 위해서는 시암의 가장 큰 강인 차오프라야 강을 건너야 했다. 수난타와 딸은 왕족의 자격으로 각기 다른 배에 올랐다.

강을 건너는데, 그들이 타고 있던 배가 거센 물살에 마구 흔들렸다. 왕실의 바지선은 이내 뒤집혔고 왕비와 딸은 그대로 차디찬 물속에 빠지고 말았다. 그들은 도와달라고 목 놓아 외쳤지만 경호원들과 신하들은 바라보기만 하고 아무 조치도 취하지 않았다. 그 사이에 왕비와 딸은 서서히 물에 빠져 죽고 말았다. 왜 그들은 도움의 손길을 내주지 않았을까? 그게, 시암에서는 왕족에게 손을 대는 것이 금지였다. 만지는 순간 죽음의 고통에 이를 수 있었다. 고대부터 전해져 내려오는 법이었지만 아주 엄격히 강행되고 있던 법이었다. 그래서 수행원들은 그저 바라만 볼 수밖에 없었다.

가장 사랑하는 아내와 어린 딸, 그리고 세상에 태어나지도 못한 아기의 죽음에 너무나 고통스러워했던 라마 5세는 그들을 구하지 못한 수행원들을 감옥에 가두어 버렸다. 수난타의 장례식은 시암 역사상 가장 비싼 값에 거행되었고, 왕은 아내를 기리기 위해 추모비를 세웠다. 그는 그 동상을 아내가 결국 도착할 수 없었던 여름 왕궁에 두었고, 지금도 왕궁에 가면 수난타의 추모비를 볼 수 있다.

시암은 어디에 있을까?

시암은 1932년 입헌 군주국으로 바뀌기 전 오늘날 태국의 옛 명칭이었다. 나라 이름이 몇 번씩 바뀌긴 했지만, 1949년 공식적으로 태국이라 지정했다. 이름이 이렇게 자주 바뀌었던 이유는 정치적 격변과 함께 인민당이 시암을 현대 세계(이를테면 서구 세계)로 끌어올리고 싶어 했기 때문이었다. 그들은 국기와 국가를 바꾸고 심지어 의복도 갈아치웠다.

시암이라는 이름은 산스크리트어인 śyāma에서 온 것인데,

어두운 또는 갈색이라는 의미로서, 사람들의 피부색을 가리킨다. 태국이라는 이름은 산스크리트어의 thai에서 온 것으로, '자유'라는 뜻을 가지고 있는 동시에 그 나라의 인종을 가리키기도 한다. 따라서 국가의 자유와 국민들을 상징하는 뜻으로 두 이름 모두 쓰이고 있다. 일석이조!

처형과 관련된 문제

단순한 죽음은 없다지만, 대부분은 꽤 간단하게 끝을 맺는다. 처형도 마찬가지다. 보통 공개 처형은 간단하고 확실하게 시행된다. 사형수가 들어오고, 집행자가 작업을 맡는다.

시체: 처리.

군중: 즐거워하거나 교훈을 얻는다.

하지만, 우리가 여기에서 보듯이, 생각보다 단순하지 않을 때도 있다!

그녀는 자기 방식대로 했다

한나 다고는 '튼튼하고 강인한' 아일랜드 여성으로 알려졌다. 그런 이미지를 얻게 된 데에는 그녀의 몸집과 관련이 있어 보이지만, 성격도 퍽 셌던 것으로 보이며, 덕분에 사람들에게 오랫동안 깊은 인상을 남겼다.

사형장에 가던 길에, 한나는 "자신의 비참한 상황에도 별로 개의치 않았으며, 그녀와 동행한 가톨릭 주교의 훈계에도 전혀 귀 기울이지 않았다." 그녀를 태운 수레가 교수대에 도착한 순간, 한나는 재빨리 손에 묶인 밧줄을 풀고 준비를 미처 끝내지도 못한 집행자를 향해 주먹을 한 방 날렸다. 주먹맛이 어찌나 어마어마하던지 집행자는 거의 나가떨어질 뻔했다고.

한나가 가엾은 집행인을 때려눕히고 있다.

한나가 집행인을 향해 고함을 지르자, 집행인은 감히 한나를 매달 생각을 하지 못했다. 그러자 그에게 복수를 하려는 듯, 한나는 자신의 옷을 갈가리 찢어버리더니 옷 조각들을 군중에게 던져버렸다(한나가 스트립쇼를 하려고 이런 행동을 한 것은 아니었고, 집행인은 사형을 집행하는 대가로 사형수의 옷을 가져갈 권리가 있기 때문이었다. 한나는 가져가도록 놔둘 생각이 없었다).

요란법석이 끝난 뒤 집행인은 한나의 목에 겨우 밧줄을 매달았다. 그가 이 작업을 마치자마자 한나는 손수건을 꺼내더니 자신의 머리

주위에 두르고는, 반라의 상태에서, "사형 집행 신호가 내리기도 전에 자신의 몸을 수레에서 내던지더니 스스로 목을 꺾고 즉사해버렸다." 그녀는 자신의 방식대로 죽음을 택한 것이다.

단두대 위의 폴

마거릿 폴은 잉글랜드 공작의 딸이자 플랜태저넷 왕가의 후예였다. 그녀는 의심할 여지없이 긴 역사를 가진 고귀한 가문의 후손이었다. 하지만 가엾은 마거릿의 삶은 고급스러운 옷이라든지 시시콜콜한 소문, 통풍(귀족들이 잘 먹어서 생기는 병이라는 뜻-옮긴이)으로 이어질 운명이 아니었다.

장미 전쟁이 발발하자 권력은 마거릿의 가문에서 튜더 왕조로 교체되었고, 그녀의 나머지 혈통은 다시 지배자로 복귀할지도 모른다는 우려에 모두 색출당하고 말았다. 마거릿은 여성이라는 이유로 잡히지는 않았지만, 인생은 여지없이 어렵게 흘러갔다. 그녀의 마지막도 더하면 더했지 덜하지는 않았다.

마거릿은 반역을 모의하고 있다는 의심을 끊임없이 받았다. 그리고 1539년, 헨리 8세는 그녀에게 유죄 판결을 내렸다. 65세로 이미 나이를 먹을 대로 먹었던 마거릿은 그 당시로 치면 100살 먹은 노인이었다. 그 나이에 누가 반역을 모의하겠는가? 생각만 해도 몸이 축 늘어진다. 어마어마한 노고가 드는 일이니까.

마거릿은 그 악명 높은 런던탑에 2년 반 동안 갇혀 지냈다…그저 죽음만을 기다리며. 처형식은 감사하게도 '사적으로' 진행되었다. 수

많은 목격자들이 지켜보고 있었지만. 그리고 가장 끔찍하고도 어설 프게 집행된 사형으로 역사에 남고 말았다.

이윽고 집행인이 도끼를 들고 나타났는데, 그는 경험이 일천한 사 람이었다. 아마도 처형을 처음 했었나 보다. 그는 도끼를 잘못 휘둘 러 마거릿의 어깨를 치고 말았다. 그 이후로도 몇 번씩 실수를 거듭 했다. 처형을 마치기 전까지 도끼를 무려 열 한 번이나 휘둘러 버렸 다. 그는 '어설프기 짝이 없는 젊은이'로 알려졌는데, '마거릿의 머리 와 어깨를 박살내 버렸다고' 한다. 마거릿 폴에게는 잔혹하고도 잔인 한 결말이었다.

정말이지 덧없었다. 마거릿은 죽을 때까지 자신의 결백을 고수했 다. 1886년, 그녀는 가톨릭 순교자로 공인되었다. 마거릿의 관 옆에 는 그녀가 손수 썼다고 전해지는 시가 조각되어 있다.

교수대에서 죽기만을 기다리는 반역자를 위해
나는 반역자가 아니야, 아니라고!
나의 충성심은 흔들림 없이 굳건하네,
그러니 교수대는 내가 갈 곳이 아니지!
당신들도 똑똑히 보고 있듯이 한 발자국도 움직이지 않을 테 다:
자비를 베풀어 주시는 예수그리스도여, 나를 구원해주소서!

너도 싹둑, 나도 싹둑

전문적인 사형 집행인라면 누구나 알만한, 신속한 사형 집행을 보장할 수 있는 몇 단계가 있다. 사형수의 머리가 단두대 위에 놓이면, 목을 쇠로 묶은 뒤, 집행인의 조수가 사형수의 머리를 잡아당겨 칼날을 떨어뜨릴 준비를 한다. 프랑스인었던 무슈 라코스테는 다음 사형대의 이슬로 사라질 차례였지만, 그의 머리는 달걀처럼 매끈한 대머리였다. 그래서 할 일이 없어진 조수는 대신 다른 방식을 택했다. 그는 라코스테의 아주 작은 귀를 잡았다.

칼날이 떨어진 순간, 라코스테는 자신의 귀를 잡고 있던 조수의 손에서 벗어나려 몸부림쳤다. 그래서 조수의 손을 깨물어버렸다. 하지만 교수대에서 벗어나기에는 역부족이었다. 불쌍한 라코스테의 머리는 싹둑 잘리고 말았다. 솟구치던 피가 잦아들자, 가엾은 조수의 눈에 바구니 안에 들어있던 자신의 엄지손가락이 들어왔다. 그의 손가락은 여전히 우거지상으로 있던 라코스테의 치아 사이에 처박혀 있었다.

제2장 **그걸 믿었다고?**
....

미신

"세상에 좋고 나쁜 것은 없다. 생각이 그렇게 만들 뿐이다."

– 셰익스피어, 〈햄릿 2막 2장〉

미신을 믿는 마음

인류가 수 세기 동안 생각해낸 미신을 모두 담기에는 이 세상의 종이가 물리적으로 부족하다. 아마도 지난 100년간으로 한정해도 모자랄지 모른다. 그리고 내가 여기에 다 적어 놓으려 한다 해도, 가장 극심한 논란에서부터 출처가 불분명한 것까지 각기 다른 변주가 너무 많아서, 아마 여러분은 이 책을 얼른 방 건너편으로 던져버릴 것이다. 여러분도 알다시피 민속은 문화와 시대, 심지어 지역마다 제각각이다. 뒤에서 보겠지만 어떤 지역에서 확고했던 믿음이 다른 곳에서는 완전히 뒤바뀌어 있을 수도 있다. 무엇 하나 제대로 못 박아 놓을 수 없다. 나는 시도할 생각조차도 없고!

여기에 소개된 신비하고도 흥미로운 미신은 한 가지 공통점이 있다. 흔히 알려진 미신이 아니라는 것. 이제 오해는 하지 마시길, 어느 순간에 사람들은 특정 미신에 관한 이야기를 듣고 어깨를 으쓱하고는 원래의 삶을 이어나간다. 대부분은 더 이상 파헤칠 생각을 하지 않지만, 나 같은 덕후는 다르다. 그러니 여러분이 이 장에서 알아볼 미신에 대해 아는 바가 거의 없다 해도, 아마도, 음, 확실히, 바라건대, 여러분은 새로운 사실을 알게 될 것이다. 하다못해 재미있는 정보로 뇌를 채우게 되겠지. 잘하면 여러분도 완전히 미신에 빠져서 이전과는 완전히 다른 삶을 살게 될지도.

신발 미신

일반적인 사람에게 신발을 신는 목적은 단순하다. 우리 세상의 바닥에 버려진 현대의 부산물들(껌, 먼지, 깨진 유리, 레고, 그리고 우리가 별로 생각하고 싶지 않은 여타 물건들)로부터 발을 보호하려 신는 것. 신발에 신비 따위는 없다. 불길한 징조로 보일 것도 없다. 여기서는 그럴 일 없다. 다만…그런 적은 있었다. 그리고 오랫동안 그래왔다.

수백 년 동안 전해져 내려온 구전 설화에 따르면, 신발은 사회와 문화에서 음, 특별한 기반을 두고 있었다. 신발에 관한 가장 흔한 미신은 행운을 가져다주는 도구라는 것이다. 특히 자리를 떠나는 사람들을 향해 신발을 던져서 복을 빌어준다고 한다. 이제 여러분은 친구들이 집을 나설 때 그들을 향해 신발을 던져야…….

이 미신이 어디에서부터 시작되었는지는 확실치 않지만, 스코틀랜드와 맨 섬, 스칸디나비아의 다양한 지역과 유럽 일부에 뿌리를 두고 있다. 역사 속에서 이 믿음에 관한 이야기와 문학을 찾을 수 있다. 여기에 예시가 몇 개 있는데, 모두 영국에서 왔다는 걸 유념해 두시길. 다른 지역에는 또 그만큼의 다양한 이야기가 있다.

영국의 유명한 시인이었던 알프레드 테니슨은 자신의 시집《영국의 전원시와 여러 시들》에서 다음과 같은 시를 남겼다:

이를 위해 그대는 모든 것을 구해야 하네,

웃음거리는 무엇이든,

그리고 당신이 어디를 가든, 행운을 빈다네,

뒤에서 그녀의 낡은 신발을 던지리.

희극 시인이자, 배우, 극작가인 벤 존슨도 다음과 같은 짤막한 시를 썼다:

내 뒤에서 신발을 던져다오,

내가 무엇을 하든 기쁨이 넘치리.

또한 영국의 작가인 존 헤이우드는 시와 격언으로 이름을 날렸는데, 그의 작품집 《행운의 노래와 낡은 신발의 춤》에서 다음과 같은 시를 남겼다.

그리고 집으로 돌아오는데 벌처럼 빠르게 이쪽으로,

자 행운을 빌어, 하면서 낡은 신발을 내게 던졌네.

위에 소개된 예시들을 보면, 신발을 맞은 사람들에게 행운이 찾아온다. 그런데 특히 신혼부부에게 신발을 던지는 것이 일반적인 관례였다는 자료가 있다.

영국의 작가였던 윌리엄 혼이 쓴 《테이블북 table book》(1827)에 따르면, 리즈 출신의 몰리라는 기자가 요크셔에서 전해져 내려오는 이 풍습에 관한 글을 썼는데, 그는 이 풍습을 본 적도 없고 그 기원도 무엇인지 모른다고 했다.

"그것을 '쓰레기 투척'이라 부르는데," 그는 이렇게 썼다. "사람들이 결혼식을 치르던 날 교회에서 돌아오는 길에 낡은 신발을 던지는 것을 의미한다." 그는 또한 신발이 부족할 경우, 풀과 흙, 또는 진흙으로 만든 '대체품'을 대신 가벼운 장난식으로 던졌다고 기록했다. 그리고 몰리는 단어 그 자체를 파헤치며 글을 이어나갔다. 왜 '쓰레기 투척'이라 부를까? 그의 생각에 따르면:

"오늘날까지 낡은 신발을 '쓰레기'라 부르기는 하지만, 분명히 그 이름은 골칫거리라서 붙인 것은 아니다. 'trash'가 원래 의미하는 바는 앞을 가로막고, 저지하고, 누군가가 나아가는 길을 방해한다는 것이다. […] 그런데 왜 유독 낡은 신발이 새 출발을 하는 부부에게 쏘는 가장 적절한 미사일로 선택되었는지 지금으로써는 알기 어렵다."

정말이지 그의 생각이 옳다면, 왜 행복을 비는 사람들이 신혼부부의 앞날을 가로막으려 했을까? 우리는 정확한 출처를 알 수는 없을 것이다. 하지만 이 의식이 비단 결혼식에만 국한되지 않았다는 점을 주목해야 한다. 먼 여행을 떠나는 사람 또는 항구를 떠나는 배에게도 무사히 귀환하기를 바라며 똑같은 방식으로 신발을 던졌다.

그런데 왜 하필이면 결혼인가에 대해 또 다른 이유가 있을지도 모른다. 이러한 의식은 재산의 이동이라는 관점에서 고대에서부터 내

<펀치>지의 만화, 1854년, 크림 전쟁에 참전하러 떠나는 군사들에게
빅토리아 여왕이 '낡은 신발 던지기'를 하고 있다.

려온 관습일 수 있다. 이러한 관례가 시작된 많은 나라에서 여성들이
재산으로 여겨졌기 때문이다. 구약 성서에도 그에 대한 언급이 나와
있다.

롯기 4장 7절:

옛적 이스라엘 중에는 모든 것을 무르거나 교환하는 일을 확정
하기 위하여 사람이 그의 신을 벗어 그의 이웃에게 주더니 이
것이 이스라엘 중에 증명하는 전례가 된지라.

이 이론을 확장하여, 앵글로 색슨족의 결혼식에서 신부의 아버지가 딸의 신발을 사위에게 주는 것이 통상적이었다. 그러면 사위는 신부의 머리를 만짐으로써 그의 권위가 아내에게 갔다는 것을 상징하게 된다. 어떤 지역에서는 '만지는 것'이 아니라 머리를 세게 때렸다는 말도 있지만 (움찔).

영국 하트퍼드셔 대학의 민속학 교수인 세리 호울브룩 교수가 결혼 시즌에 쇼핑을 하고 있는데, 통로에 놓여 있던 신발 모양의 색종이 조각 꾸러미가 눈에 띄었다.

색종이 조각에 강하게 끌렸던 교수는 혹시 여기에 민간 전통이 깃들어 있지 않을까 조사를 해보았다. 조사 결과 색종이가 행운과 권위와 연결 고리가 있을 뿐만 아니라 마법과도 연관이 있다는 것을 알게 되었다. 누군가의 신발을 소유하면 상대방에게 우월한 권력을 가지게 된다는 것과 같다는 말이다. 호울브룩 교수는 이렇게 썼다.

"1644년 스코틀랜드에서 마녀재판이 열렸는데, 마법사로 알려진 패트릭 말콤이 여성을 꾀어낸 뒤 자기 마음대로 하려는 목적으로 그녀의 왼쪽 신발을 훔치려 했다는 혐의를 받았다."

신발에 묵직한 상징이 숨어 있음을 여실히 보여주는 대목이다. 다행히 오늘날에는 신발을 그냥 웨딩 카 뒤에 묶어두는 것으로 끝낸다.

물건을 내던지는 주제에 여전히 벗어나고 있지 못한 와중에, 결혼식에 던지는 물건이 또 하나 있다. 하지만 잔인함과는 거리가 멀고 보다 더 잘 알려진 의식이다. 바로 쌀을 던지는 것. 갓 결혼한 부부가 신혼여행을 떠날 때 이 곡물을 뿌려주는 일은 많은 이들에게 친숙하다.

쌀을 던지는 행위는 부유함을 상징할 가능성이 높다. 축하와 번영의 의미로 통하는 비가 내린다는 느낌을 주기 때문이다. 그러나 던지는 대상은 문화에 따라 다르다. 고대 로마에서는 밀을 던졌는데 후에 쌀로 바뀌었다. 이탈리아의 결혼식에서는 사탕이나 달콤한 땅콩을 던지기도 하고, 모로코에서는 건포도를 던진다. 어떤 이론을 가져다 붙이든, 이 '번영'이라는 요인은 신발을 던지는 의식과 연결이 될 가능성이 높다.

미래의 불안한 징조

왼쪽 신발과 오른쪽 신발을 잘못 맞바꾸어 신으면 오는 길에 불행한 일을 당한다는 믿음이 있었다. 누군가는 지금도 그렇게 믿고 있다! 또한 1846년에 출간된 《현재의 미신》이라는 책에 따르면 신발을 신는 순서도 중요하다고 한다.

오른쪽 신발을 신기 전에 왼쪽 신발을 신으면 불행한 일이 벌어질 수 있다.

신발의 상태 또한 미래를 예측할 수 있다. 신발은 시간이 지나면서 착용자의 본질을 보여주는 매우 개인적인 물품이다. 따라서 오래된 신발은 당신의 본 모습을 더욱 충실히 보여주며, 그렇기 때문에 당신의 미래를 보여줄 가능성이 높다. 여기에 미신에 관한 옛 구절이 있다.

발가락이 낡아 떨어지면 비통에 빠질 것이며
옆이 낡아 떨어지면 신부가 될 거라네

엄지발가락이 낡아 떨어지면 모두를 보게 될 것이고
굽이 낡아 떨어지면 싼 값에 사게 되겠지!

물론 이 구절은 지역에 따라, 세월의 흐름에 따라 다양하게 변했다. 예를 들어 두 번째 줄에서는 "옆이 낡아 떨어지면 부잣집 신부가될 거라네"로 바뀌었다.

신발과 결혼식에 딱 어울리는 (이게 맞는 단어인지는 모르겠지만) 우울한 부분에 대해 언급하자면.

부부가 결혼하고 떠날 때, 행운을 빌며 낡은 신발을 던졌는데 그중에 하나가 마차에 떨어지면, 그 해가 가기 전에 부부 중 한 명이 목숨을 잃게 되리라는 계시가 된다.

신발에 관한 관용구
신발이 다른 발에 가 있다

"신발(또는 부츠)이 다른 발에 가 있다."라는 관용구를 들어본 적이 있을 것이다. '잘못된' 발이라고도 한다. 상황이나 환경이 뒤바뀔 때 주로 쓰는 말이다. 이 문구가 쓰인 지는 1800년대로 거슬러 올라가지만, 현대에도 여전히 쓰이고 있다. 최근에 사우스캐롤라이나에 여행 가던 중에도 들은 적이 있다. 처칠도 1908년에 동아프리카를 여행하며 쓴 《아프리카 여행》이라는 책에서 이 문구를 인용했다.

"이곳에…부츠가 다른 발에 가 있다(입장이 뒤바뀌었다). 문명은 야만인의 존재 앞에서 자신의 방식을 부끄러워한다."

당시 아프리카 지역은 서양 세력에 막 잠식당하고 있던 터였고, 그동안 '정상적이라' 생각했던 문화적 영향은 그의 눈에 완전히 이질적이면서도 침략적으로 보이기 시작했다. 이것은 운이나 관점이 역전되면서 따라오는 불협화음의 느낌을 대변해 준다.

메 메테 라 파타Me Mete la Pata

히스패닉 문화권에서, 특히 나의 고향인 마이애미에서 자주 들리는 또 다른 문구로 "메 메테 라 파타Me Mete la Pata" 또는 "메 디 라 파타me di la pata"가 있다. 대충 번역하자면 '내 발을 집어넣었어'라는 말인데, 그러니까, 더 좋은 표현이 있다면 좋으련만, 퍽 당황스러운 방식으로 일을 망쳤다는 뜻이다.

깜짝 파티를 망쳤거나, 마이애미에 산다면 황당한 순간에 언제든지 (5분에 한 번씩 벌어진다) 이 표현을 쓸 수 있다. 물론 이 관용구가 '신발'과 꼭 연관이 있지는 않지만, 언급할만한 가치는 있다. 왜냐하면…… 음…… 그러니까 타당한 이유는 없다. 그냥 언급하지 말 걸 그랬나 보다. 아이고, Me Mete la Pata!

좋은 게 좋은 거.

내 생각에는 우리 모두 살면서 어느 시점에 누군가를 '좋은 신발 한 켤레goody two shoes (모범생)'라고 불렀을 것 (또는 내가 불렀을 것) 같다. 정말로 입 밖으로 내뱉지는 않았더라도 말이다. 하지만 여러분이 땅속에 살고 있거나 지구에 처음으로 온 외계인이라면, 그리고 이 표현을 한 번도 들어본 적이 없다면 알려주는데, 우선 환영 인사부터 하고, 엄청나게 도덕적인 사람이라는 뜻이다. 너무 잘해서 참 좋은 사람이라는 말이지. 아니면, 내 동생의 말마따나 "너무 지나치게 노력하는 사람."일지도. 이 표현의 기원은 단순하다. 1765년 존 뉴베리가 《Goody Two Shoes》라는 어린이 책을 출판했을 때 이 문구가 유명세를 탔다. 이야기는 신데렐라와 비슷하다. 부모를 잃은 소녀가 오직 신발 한 켤레만 가지고 인생을 헤쳐 나가는 이야기인데, 소녀는 수많은 어려움에도 불구하고 진심과 도덕성을 잃지 않는다.

그러다 어느 날, 부잣집 신사가 그녀를 위해 새 신발을 선물로 주었고 소녀는 기쁨에 겨워 어쩔 줄 모른다. 그 후 그녀는 스스로 부를 일구었고 '선함'은 언젠가 반드시 보상을 받는다는 것을 일깨워준다.

네가 내 신발 신어봐 (입장 바꿔 생각해봐)

관용구는 같은 뜻이라도 다양한 표현이 존재한다. 이 표현도 예외는 아니다. "네가 내 신발 신어봐Put Yourself in My Shoes"도 "내 신발 신고 걸어봐" 또는 "내 신발 신고 1킬로미터 정도 걸어봐" 등 상황에 따라 다양한 표현이 존재한다. 이 표현의 뜻은 어떤 상황을, 또는 인생을 다른 관점에서 돌아보라는 말이다. 오랜 기간 동안 신발은 주인만이 소화할 수 있는 필수품이라 여겨졌다. 신발은 우리의 경험과 여행, 신체적 조건, 그리고 어디를 밟느냐에 따라 모양이 바뀐다. 따라서 이 관용구의 뜻은 더할 나위 없이 꼭 들어맞는다.

다른 신발 한 짝이 떨어지기를 기다리다Waiting for the Other Shoe to Drop(마음 졸이며 일어날 일을 기다리다)

이 관용구는 예상보다 더 좋은 상황이 일어날 수도 있고, 좋은 상황이 오래 지속되지 않을 수도 있다는 말이다. 그리고 운명이 동전 뒤집듯 나쁜 쪽으로 뒤바뀔 수도 있다는 뜻도 된다. 달리 표현하자면 너무 좋아서 의심스럽다고 해야 할까.

채우기에 너무 큰 신발인걸You Have Big Shoes to Fill (후임자의 책임이 막중하다)

내가 가장 좋아하는 영화 중 하나인 〈악마는 프라다를 입는다〉에서 극중 인물인 에밀리(에밀리 브런트 분)는 겁을 먹고 있는 신입 비서 안드레아(앤 해서웨이 분)에게 위와 같은 표현을 읊는다.

나는 에밀리가 신입 사원에게 왜 이 표현을 했을까 곰곰이 생각해보았다. 하지만 그보다도, 아직 이 영화를 보지 않았다면 꼭 보기를 권한다! 이 관용구의 뜻은 전임자의 업적에 필적하기 위해 열심히 일해야 한다는 것이다.

신발이 맞으면 신어라If the Shoe Fits, Wear It(그 생각이 옳다면 그대로 따라라)

언어와 말씨가 언제나 그렇듯, 이 관용구의 뜻도 다소 바뀌었다. 원래는 누군가의 비판을 받아들이라는 의미에서 사용되었다. 예를 들어 내 친구가 나더러 전화를 잘 받지 않는 이들 중에 하나라고 말한다면, 우리 엄마는 아마 이렇게 말할 것이다. "비판을 달게 받아들이렴." 하지만 상황과 진실, 또는 유사성을 나타낼 수도 있다. 여러분이 사실 수학 천재인데도 수학을 싫어한다면, 누군가가 이 관용구를 쓸지도 모른다. 만약 당신이 그런 류라면, 또는 그럴 운명이라면 여러 말 말고 받아들여라. 이 관용구는 여러분도 짐작했겠지만, 신데렐라에서 처음 나왔다! 신데렐라는 그 유명한 유리구두가 그녀에게 꼭 맞는다는 사실을 알게 되자 모든 걸 차지한다.

주술

신발을 둘러싼 주술은 다 모으기 불가능할 정도로 방대하므로, 여기에 진짜 재미있는 사례 몇 가지만 적었다. 신발을 단순히 특정 방향으로 놓는 것에서부터, 위카Wicca(주술 숭배)와 비슷한 주문과 의식에 이르기까지 다양하다.

운명을 내던지다

아무 이유 없이 소금을 어깨 너머로 던져버리지는 않는다. 신발이

나 말굽도 마찬가지고! 그리고, 이와 관련한 역사적 기록은 모두 신발이 어떻게 착지하느냐를 담고 있다. 말굽을 어깨 너머로 던질 때 특정 방향으로 (U 모양이 얼굴 방향으로) 떨어지면 그날은 운수 좋은 날이다. 말굽의 '뿔' 부분이 얼굴 방향이라면 (n모양이 얼굴 방향) 그날은 불행이 잇따른다. 스코틀랜드고지(Scottish Highlands)에서 열리는 신발과 관련된 연례행사는 앞날을 예언해준다고 믿는다. 핼러윈에서는 사람들이 집 너머로 신발을 던지는 전통이 있다. 착지할 때 가리키는 방향이 다음에 여행을 떠나는 방향이 된다. 하지만 뒤집힌 채 떨어진다면 불운이 찾아오겠군요. 아가씨.

악을 물리치기

신발은 주인을 보호한다고 믿었다. 더러운 땅뿐만이 아니라 악으로부터도. 레지날드 스캇은 1584년 쓴 자신의 작품《마법의 발견》에서, 사악한 영혼을 피하고 싶으면 "신발을 신을 때 오른쪽 신발에 침을 뱉어라"라고 조언했다. 또한 이러한 행위는 위험한 곳에 들어가기 전에 하면 유익하다고 했다. 그의 책은 마법의 효과를 드러내고자 한 것이었고, (현대인의 눈에) 환상적인 마법과 주문으로 가득했다. 기회가 된다면 언제든지 온라인으로 찾아보시라!

밤의 주문

영국에서는 잠들기 전에 침대 밑에 신발을 T자 모양으로 두면 소녀의 장래 남편을 예측할 수 있는 마법이 이루어진다고 했다. 아마도 그날 밤에는 미래의 남편이 나오는 꿈을 꾸었겠지.

신발을 제자리에 둔 뒤, 침대에 눕기 전 다음과 같은 주문을 외우라 했다.

나는 내 신발을 T 모양으로 두었다네,
오늘 밤 내 진정한 사랑을 보기를 바라며,
내 배우자가 누가 될지 알게 되겠지.

다음은 위의 주문을 재미있게 변형한 것이다. 머리맡에 스타킹을 두고 사는 사람이라면 꼭 보기를 바란다.

신발을 거리를 향해 두고,
가터(스타킹이 아래로 내려오지 않게 고정하는 밴드-옮긴이)를 발에 두고,
스타킹을 머리에 놓으면,
결혼할 남자의 꿈을 꾸게 되리라.

밤에 외우는 또 다른 주문도 있다. 나이든 사람들은 신발을 십자가 모양, T자, 또는 V자 모양으로 두면 류머티즘을 고칠 수 있다고 한다.

사랑의 주문

이 주문은 파니 버겐이 쓴 사랑스러운 책《오늘날의 미신》에서 따왔다. 작가는 여기에 열정 넘치는 덕후 학자(맹세컨대 나는 아니다)들을 위한 마법의 주문과 미신, 그리고 고대부터 내려오던 의식에 대해 잔

뜩 써 놓았다. 저작권도 없고 별도의 비용도 없으니, 이 주제에 흥미가 있다면 꼭 한 번 읽어보시길. 여러분도 알다시피 주문은 다양한 표현으로 변주된다.

멧비둘기가 우는 소리를 처음 들으면, 앉아서 왼쪽 신발과 스타킹을 벗어라. 스타킹을 뒤집어서 뒤꿈치에 털이 나오면, 그 털 색깔이 미래 남편 또는 아내의 머리카락 색깔이 될 것이다. (테네시)

만약 네 잎 클로버를 발견한 사람이 그것을 신발 속에 넣으면, 다리를 건널 때 처음 만나는 사람과 결혼하게 될 것이다. (미시건)

신발의 발가락 부분에 양치식물 한 조각을 끼워라. 그러고 나면 가장 처음 만나는 사람과 결혼하게 될 것이다. (뉴햄프셔: 위의 변형)

신사와 함께 (처음으로) 걸을 때 새 신발을 신고 다리를 건넌다면, 그와 결혼하게 될 것이다. (동 매사추세츠)

신발과 관련된 이야기와 전설
신데렐라
중세 시대에 많은 이들에게 사랑받는 신데렐라와 그녀의 구두에 대한 이야기가 탄생했다. 신발에 관한 미신 대부분이 이 시대에 나왔다. 우리는 신데렐라가 어떤 내용인지 다 안다.

마법이 일어나던 저녁 수수께끼의 미녀가 신발을 잃고, 신발의 주인공을 샅샅이 찾은 끝에 마침내 발견한다. 그리고 그녀의 진정한 사랑과 재회한다.

오즈의 마법사

그녀의 이름은 그녀의 눈부시게 아름다운 빨간 구두와 이름이 같다. 도로시. 도로시가 자신의 구두를 세 번 맞부딪치면, 집으로 돌아간다. 이제 빨간 구두나 반짝이는 구두를 신은 사람은 그 누구나 머릿속에 도로시가 떠오를 것이다.

세 명의 왕

그리스도교와 로마 가톨릭을 믿는 사람들과 라틴아메리카 출신이라면 대부분 이 의식을 알 것이다. 다른 문화권이나 신앙이 달라도 아마 친숙할지 모른다.

쓰리 킹스 데이는 '공현 대축일'이라고도 불리는데, 어린이들은 자신의 신발을 현관 앞에 높고 동방박사가 신발 속에 선물을 놓고 가기를 바란다.

신발 속에 어떤 할머니가 살았다네

말놀이 동요로도 잘 알려진 이 이야기는 (신발 속에서) 어떤 할머니가 너무나 많은 아이들을 데리고 살았다는 내용이다. 하지만 우리는 여기에서 민속 문화를 다루고 있으므로, 이 이야기가 다산을 상징한다고 볼 수 있다. 아주 오래 전부터 다산과 신발에는 밀접한 연관이 있었기 때문이다.

신발의 다른 사용법- 고개 들어!

여느 미신이 그렇듯, 빵 부스러기는 다양한 문화에서 각기 다른 방식으로 자신을 보여주며 수 세기 동안 떠내려 왔다. 위에서 논의한 바와 같이 일반적으로는 이런 방식으로 기원을 찾는다. 하지만 신발은 우리가 이야기했던 내용과 관련 없는 이유로 사회에 나타날 때도 있었다.

검색을 해보면, 신발 던지기는 단순히 의사 표현의 수단이라는 것을 알게 된다. 어떤 문제를 놓고 자신의 감정을 확실히 표현하기 위해서이지. 그러나 이 경우에는 미신과는 크게 관련이 없다. 그저 묵직한 덩어리로서 화가 날 때 던지는 도구에 불과할 뿐. 359년, 로마의 교황이었던 콘스탄티우스 2세가 리미간테스 주민들에게 연설을 하며 가톨릭으로 전도를 하려 했다. 그때 누군가 그에게 신발을 던지며 "marha, marha."라고 고함을 쳤다. 대강 번역하자면 "돌대가리(멍청한 사람)."이라는 뜻이었다.

현대에서도 신발을 던지는 행위는 항의의 한 뜻으로 보고 있다. 수년간 많은 사고가 일어났는데, 호주와 인도, 대만, 미국, 영국, 홍콩, 파키스탄 등 전 세계 수많은 나라에서 신발을 던지는 사고가 일어났다는 기록이 있다. 사람들은 범죄자나 정부 관료, 특히 정치가들에게 신발을 던졌다. 여러분이 어디에 살고 있느냐에 따라 다르겠지만, 현대에서 여러분이 신발을 던지는 행위를 목격할 유일한 사례가 될지 모른다.

신발의 여행

정리하자면, 신발에는 독특하고도 다양한 역사가 있다. 행운과 번영, 재산과 관련이 있다고 여겨져 왔고, 우리의 정체성을 보여주는 상징 역할을 했다. 신발을 둘러싼 민속적 전통과 신비주의, 의식이 얼마나 많았는지 모른다. 결혼식에서는 신부와 신랑에게 행운과 다산을 빌어주며 신발을 던졌다. 또한 현대에서는 신혼부부를 실은 자동차 뒤에 신발을 묶었다. 미래를 점치는 주문으로 쓰이기도 했다. 그리고 오늘날에는 화가 난 사람들이 항거의 의미로 신발을 던진다. 신발에 등장하는 이야기와 민요, 관용구, 민간전승 문화가 수도 없이 많다. 자, 이렇게 머릿속에 정보를 꽉 채웠으니, 이제 신발을 더욱 의미심장한 눈길로 바라보게 되겠지!

말도 안 되는 아재 개그 하나 더 - 신발에 얽힌 미신의 역사를 찾아 지금까지 1킬로미터를 걸어왔다. 즐거운 여행이 되었기를! 이제 난 여기서 그만하련다.

미신에 대해 얼마나 알고 있나요?

☞ 금요일에 손톱을 깎으면 재수 없다.(피존 코브, 매사추세츠)

☞ 일요일에 손톱을 깎으면 한 주가 끝나기 전에 부끄러운 일을 당할 것이다. (메인)

☞ 거울로 다른 사람의 어깨너머를 보면 실망할 일이 생긴다. (디어 아일, 메인)

☞ 송아지의 혀끝을 말려서 주머니에 넣고 다니면, 지갑에 돈이 마르지 않는다.

☞ 집에 들어갈 때 왼발을 먼저 디디면 그 집에 사는 사람에게 불행이 찾아온다.

태워라 아이야, 태우라고

어떤 미신은 우리 일상생활에 너무나도 깊숙이 박혀 있어서 '미신'이라고 생각하기는커녕 다른 생각도 하지 못하게 만든다. 그냥 원래 그런 것이다. 우리 젖니에 관한 미신이 여기에 속한다.

젖니가 빠지면, 서양 문화에서는 아주 신나는 사건으로 여긴다. 아이가 잘 자라고 있다는 증거이니까. 빠진 젖니는 배게 밑에 넣거나 침대 옆 탁자에 놓으라고들 한다. 그러고 나서 아이들이 잠들면, '이빨 요정'이 와서 젖니를 가져간다. 이따금 이빨 요정이 선물을 놓고 갈 때도 있다! 일반적으로 돈이나 사탕, 아니면 작은 선물 교환권 등을 준다. 솔직히 고백하자면…이제야 말하는데, 그냥 돈이 탐나서 아직 빠질 때가 되지 않은 젖니를 그냥 뺀 적도 있었다. 여기에 가혹한 판단은 삼가주시길.

이빨 요정 이야기가 친숙하다면, 살면서 여러분도 당연히 이런 짓을 해봤을 것이다. 난 비난하지 않겠다. 나도 그랬으니까!

이러한 관행의 유래는 아마도 요정을 달래려고 생기지 않았을까 한다. 전래 동화 중에 자신의 아이가 트롤이나 요정에게 유괴될까 봐 두려워하는 부모의 이야기가 차고 넘치니까. 그래서 그들을 달래주고 아이들을 보호하기 위해, 부모들은 아이들이 잠든 사이에 젖니를 주었다는 것이다.

이러한 풍습은 13세기로 거슬러 올라 '에다Edda'라고 알려진 두 편의 중세 아일랜드의 문학 작품에 쓰여 있다. 아마 그보다 더 이른 바이킹 시대에서도 기원을 찾을 수 있을지 모른다. 에다는 노르웨이와 북유럽 전통을 문서로 기록한 최초의 책이었다. 이 관습을 'and-fe' 또는 '치아 사례금'이라 부른다. 책에는 아이가 첫 번째 젖니를 뺄 때 그 대가를 받는다고 쓰여 있다. 재미있는 사실 하나, 노르웨이의 전사들도 전투에 나가기 전 어린이들의 젖니를 샀다고 한다. 아이들의 젖니를 행운의 징표로 여겼기 때문이다.

전 세계의 이빨 요정

현대의 스페인 및 히스패닉 문화권에서, 이빨 요정은 작은 생쥐라 불린다(쥐들은 대개 눈에 잘 띄지 않고, 치즈와 같은 물건을 없애버린다는 오명이 있기 때문이다). 쥐들을 흔히 'Ratoncito Perez'('작은 페레즈 쥐'라는 뜻), 또는 'el Raton de los Dientes'('이빨 쥐'라는 뜻)라 이름 짓는다. 마드리드에는 이 조그만 녀석들만을 위한 박물관도 있다.

프랑스에도 이빨 요정 대신 작은 생쥐가 있다. 이 사랑스러운 나라에서는 이렇게 부른다. 'La Bonne Petite Souris,' '작고 착한 쥐'라는 뜻이다. 여기에는 작가 마담 둘노이가 지은 짤막한 우화도 있다. 아이들에게 읽어주고 싶다면 같은 이름을 찾아보면 된다. 3부작으로 구성된 어린이 연극도 있는데, 〈이빨 요정〉이라는 단순한 제목으로 에스터 왓킨스 아놀드가 지었다.

아, 드웨인 '더 록' 존슨이 주연으로 열연한 〈미스터 이빨 요정〉과 래리 더 케이블이 주연을 맡은 〈이빨 요정2〉을 빼먹었으면 큰일 날 뻔했다. 진지하게 연구해 보라고 소개하는 것은 아니고, 그냥 보고 웃으라고.

이빨 요정은 남아프리카(비행기 요금 때문에, 에구)에는 확실히 간 적이 없다. 하지만 이 지역의 어린이들은 실내화 안에 신발을 넣는다.

아, 잊지 말도록 하자. 8월 22일은 미국에서 이빨 요정의 날로 지정되었다! 이날을 축하하는 가장 좋은 전략이라면? 치과에 가라.

맛이 짠 치아

중세 시대에 젖니에 관해 새로운 미신이 등장했다. 영국 북부에서는 치아 위에 소금을 뿌린 뒤 태워버리는 풍습이 있었다. 이렇게 하는 이유는 사후에 아이들을 보호하기 위함이었다. 사람들은 아이들의 치아를 세상에서 완전히 파괴해버리지 않으면 치아가 사후 세계에서 주인을 찾아 영원히 헤매게 된다고 믿었다. 랭커셔에서 온 어떤 남자는 어렸을 때 빠진 젖니를 태우지 않으면 "죽은 후 지옥에서, 피가 철철 흘러넘치는 양동이를 뒤지는" 결과를 낳게 된다는 말을 들었다고 했다. 골치가 아프겠군, 그렇지 않아?

영국 스태포드셔주 턴스톨 출신의 어떤 소녀는 이렇게 썼다. "나는 미신 따위는 믿지 않는다고 모두에게 말했고, 나 스스로도 그렇게 되뇌었다. 그래도 내 이 중 하나가 빠져나온다면, 소금에 절이지 않고 태울지 궁금하기는 하다." 재미있는 점은 그녀가 소금을 뿌리는 부분만 미신이라 여겼다는 것이다! 치아를 태우는 행위는 아니고.

하지만 왜 하필이면 소금일까? 일단, 소금은 음식을 보관하는 방부제 용도로 널리 쓰였고, 강력하면서도 무언가를 보호하는 기본 요소로 여겨졌기 때문이다. 그러니 사람이 죽을 때까지 소금으로 치아를 절인다는 생각을 할 법하다. 그리고 치아 그 자체보다 더 좋은 방어력을 제공해 주기도 하고.

하지만 이를 태우지 않는다면 병에 안전하게 보관하는 쪽을 선택할 수도 있다. 사람들은 천국에 닿으면 잃어버린 이의 개수와 없어진 팔다리의 개수(해당된다면)를 세어야 한다고 믿었다. 그래서 많은 이들이 치아가 담긴 병을 묻었다. 더비셔에서 애비라는 이름을 가진 여자는 할머니가 장례식에서 했던 말을 떠올렸다.
"관에 그의 치아가 있느냐?" 또는 "이를 빼고 묻으면 안 된다."

하지만 팔다리가 절단되고 없다면 – 잘린 팔다리를 어딘가에 보관하는 오싹한 행동은 할 필요가 없을 테니 – 그냥 묻었다.

이 풍습이 생긴 또 다른 이유는 마녀에게서 보호를 받기 위해서였다. 누군가가 당신의 신체 일부–치아, 손톱, 머리카락, 신발, 등–를 가져간다면, 당신을 지배할 힘을 얻게 된다. 이러한 믿음은 보기보다 설득력이 있다. 위칸 주술(Wiccan spell: 사랑하는 사람을 점치는 주술)과 의식은 여기에 나열된 재료가 들어간다.

여러분의 치아를 처리하는 또 다른 맛난 방법은 동물이나 설치류에 먹이로 주는 것이다. 이제 막 영구치로 자란 치아는 젖니를 먹은 동물의 모양이 된다고 믿었다. 왜 그러냐고? 부모들은 아이들의 영구치가 단단하고 뾰족하게 자라길 바라기 때문이지!

마지막으로, 웨일스와 일부 중부 유럽 국가에서는 치아를 던지는 관습이 있다. 어떤 이들은 여러분 어깨 너머로 던지기도 하고, 누군가는 태양을 향해, 땅에다가, 그리고 지붕 위로 던지기도 한다. 이번에도 여기에 설명이 필요하다. 수많은 전통에서 보였듯, 고대의 이교도 관습에 뿌리를 두고 있다. 제물을 바치는 의식 말이다.

* * *

대부분의 미신이 알 수 없는 이유에서 전해져 내려왔지만, 대개 우리의 평안을 위해 생겼다고 믿는다. 모른다는 것은 무섭다. 또한…… 변화, 불행, 수수께끼와 같은 것들은 우리를 초조하게 만든다. 우리를 보호할 어떤 행동을 취하거나 불행 탓을 할 구실을 찾는

편이 더 쉽다.

사실, 이러한 이유는 이 책 전체에 적용된다. 감히 말하건대, 이것은 인간의 본성 그 자체이다. 발명과 의학적 치료, 미신 등은 모두 우리의 욕구를 충족시킨다는 목적이 있다. 모두 괜찮아질 거라는 약속 말이다.

여러분이 어리다는 가정 하에, 이가 빠지면 아프고 혼란스럽다. 나는 정말 그랬다. 어른들은 아이들에게 앞일을 기대할 수 있는 마법 같고 신나는 무언가를 주어야 한다. 그러니 누가 우리에게 뭐라 할 수 있겠는가?

만짐을 허하노라

군주들이 신에 가깝다고 여기던 시대는 지났지만, 역사는 우리가 다시 웃을 수 있도록 이 사랑스러운 시대를 자세히 연대기 순으로 기록한다. 지배자가 신이라 믿었던 시대에 있었던 흔한 치유에 관한 미신을 '왕족의 손길' 또는 '왕의 어루만짐'이라 불렀다.

이 풍습은 주로 프랑스와 영국에서 흔히 보였는데, 군주는 "여러 가지 질병을 치료할 목적으로 사회 계급에 상관없이 신하들을 어루만졌다."

이쯤에서 아마도 디즈니에서 나올 법한 광경이 떠오를 것이다. 꿍

끙 앓는 소리를 내며 기침하고, 온갖 고통을 안고 성 주위에서 길게 줄 지어 있는 백성들의 모습. 모두들 왕이나 왕비의 손길을 기다리며 서있는 모습 말이다.

이러한 풍습의 공통점은 종교적 각인이 새겨진 금메달을 선물로 주었다는 것이다. 군주는 신하의 목에 메달을 걸어주고, 계속 걸고 있으라고 말한다. 그래야 병이 낫는다나. 하지만 여러분이 예상한 대로, 많은 이들은 왕의 손길이 정말로 병을 치유해준다고 믿지는 않았고, 그저 금을 담보로 받고 싶어 했다. 아마도 그래서 금이 지금까지도 인기가 있는 걸지도? 내 추측으로는 병자가 금을 진짜 약과 맞바꾸지 않았을까 한다(하지만 이 책에 쓰인 치료법이 아니길 바란다!). 누가 더 나쁠까? 허풍쟁이 왕일까, 아니면 교활한 신하일까?

프랑스의 헨리2세는 많은 이들이 야망 넘치는 군주로 기억하고 있는데, 그림에서 젊은 남자를 '치유'하고 있다.

영국의 '블러디' 메리 1세에서부터 프랑스의 찰스 2세에 이르기까지 모두 이 '안수 세례' 의식을 치렀다. 이 방식은 군주의 권위가 안정적이지 않을 때 정통성을 세우기 위한 도구로 쓰이기도 했다.

여러분이 나와 같은 문학 애호가라면, 셰익스피어가 〈맥베스〉 4막에서 같은 전통을 이와 같이 묘사한 것을 보고 포복절도할 것이다.

> 우리 훌륭하신 왕께서 내리시는 최고의 기적이오.
> 여기 영국에 머물면서 나는 자주 목격했다오,
> 이 두 눈으로 똑똑히 보았단 말이오. 왕께서 어찌 하늘에 간청
> 하셨는지.
> 그분만이 알고 계시겠지; 그런데 희한하게도 –
> 온몸이 부어오르고 궤양으로 고통 받아 보기에도 딱한 사람들
> 을,
> 의사도 가망이 없다 단념해 버리는데, 왕께서는 고치신다오.
> 병자들의 목에 금목걸이를 걸어주시고,
> 성스러운 기도를 올려주시지; 그리고 듣자 하니
> 이 치유의 기도를 왕가의 후손에게 물려주신다고 하더이다.

결국(콜록, 이번엔 마침내), 이 관습은 1700년대 초반 서서히 사라지기 시작했고 세기말에 가서는 완전히 종적을 감추었다. 유명 시인이자 의사였던 리처드 블랙모어경은 윌리엄3세와 조지1세가 '저렇게 미신적이고 하찮은 의식'을 폐지해서 참 다행이라고 칭송하기까지 했다. 그는 이러한 의식이 '종교적' 음모라고 굳게 믿었다.

우리가 이 주제에 여전히 머물러 있는 와중에, 정말이지 영혼이나 종교의 세계에서 이러한 관습은 여전히 흔히 보이고 있다. '안수 세례'는 전 세계의 종교적 지도라면 누구나 행하는 의식이다. 그러나 그러한 의식의 대가로 금화를 받는다는 말은 듣지 못했다.

영국의 찰스 1세가 결핵에 걸린 어린 백성을 어루만져 주고 있다.

쉬어가는 코너

☞ 참회 왕 에드워드(1042-1066)는 영국의 마지막 앵글로 색슨 왕으로서, 왕실의 손길로 병을 치유할 수 있는 능력을 지닌 최초의 군주로 알려져 있다.

☞ 왕실의 손길은 더 확실한 효과를 보이기 위해 보통 축제일에 거행되었다.

☞ 영국의 찰스 2세는 9,200명이나 되는 사람들을 어루만져 주었다는 기록이 있다(기네스북이 알고 있을까?).

☞ 지배자의 손에는 대개 성유(聖油)를 발랐는데, 이렇게 하면 효과가 더 좋다고 믿었다.

☞ 의식은 1732년 성공회 기도서에서 공식적으로 사라졌다.

바나나의 저주

여전히 전염성 강한 미신에 대해 이야기하고 있는 와중에, 이제는 선원들과 선장, 어부, 그리고 바다에서 생계를 이어가는 사람들에게 널리 퍼져있는 미신에 대해 논할 때가 왔다. 바로 바나나의 저주다. 어린이 애니메이션 〈도라 더 익스플로러〉에나 나올 법한 일화의 제목 같아 보이지만, 이 미신에 얽힌 공포는 아주 오래전부터 시작되었으며 지금도 여전히 존재하고 있다.

이 미신의 요지는, 바나나를 들고 배에 타면 재수가 없다는 것이다. 그것도 아주 치명적으로. 커다란 화물선이든 소형 보트든, 낚싯배 등 관계없이, 항해 관련된 배라면 모조리, 이 열대 과일을 절대 들여서는 안 되며 혹시라도 눈에 띄면 당장 배 밖으로 던져도 괜찮다.

이 미신은 1700년대 초반 스페인 제국과 카리브 해 사이에 무역이 극도로 활발해지면서 퍼지기 시작했다. 그리고 여러분이 최근에 부두 근처에 갔거나 낚싯배에 탄 적이 있다면, 이 미신이 지금까지도 사라지지 않았다는 사실을 알게 될 것이다. 이미 수백 년이 지났는데도 이 미신이 뱃사람들의 마음속에 굳건히 박혀 있는 이유는 다양하다. 이제 한 번에 하나씩 그 껍질을 벗겨보자.

사라진 배 사건

무역 호황이 절정에 이를 즈음, 수많은 배들이 실종되었다. 그럴 만도 했다. 바다에서 사고를 일으키는 여러 요인들, 즉 악천후와 해적, 좌초, 표류가 너무나 흔했기 때문에 배들이 항구를 떠난 뒤 다시는 보이지 않은 일이 드물지 않았다.

우연히도, 이 시기에 사라진 배들 중 대다수가 바나나…를 화물로 잔뜩 싣고 있었다. 이러한 우연이 하나둘 쌓이자, 이 열대 과일은 불운과 연결되고 말았다. 재미있는 점은 소식통들이 실종된 선박의 이름을 구체적으로 밝히지 않았다는 것이다. 그 결과 우리는 '사라진 배'라는 요인이 이유보다는 루머에 가깝다는 결론을 내리게 된다.

배 강도 사건

그냥 재미로, 역사적으로 가장 유명한 선박 실종과 침몰 사건을 알아보자. 어마어마하게 많지만 여기에서는 몇 개만 소개하겠다. 다시 말하지만 역사는 이 모든 사건이 배에 금지된 노란 과일을 실었기 때문이라고 특정해서 말하지는 않았다. 하지만 모든 정황이 바나나를 가리킨다고 생각한다. 분명히.

☞ '역사상 가장 기이한 해양 미스터리'로 여겨지는 실종은 영국의 선박이었던 메리 실레스트호를 두고 하는 말이었다. 그러나 1872년에 일어난 이 '실종'이 특이한 이유는 배 자체는 사라지기 않았기 때문이다. 배에 타고 있던 사람들만 감쪽같이 없어졌다.

메리 실레스트호는 포르투갈령이었던 아조레스 해안에서 유령선으로 발견되었는데, 6개월분의 식량과 화물은 거의 손도 대지 않은 상태였다. 게다가 공격을 받았거나 폭행, 살인 등의 흔적도 없었다. 모든 귀중품과 개인 소지품은 주인이 남기고 간 자리에 그대로 남아 있었다. 마치 육신만 어디론가 사라진 것 같았다. 사람들이 사라진 데에 단 한 가지 합리적인 이유를 들 수 있는데, 어떤 알 수 없는 이유로 선원들과 승객들이 배를 버리고 떠났다는 것이다. 완벽하게 정돈된 채로. 아마도 바나나를…… 찾으러 갔나보다(미안, 더 이상 언급하지 않을게!).

☞ USS 와스프USS Wasp는 길이만 35미터가 넘는 사략선으로, 주요 임무는 1812년 벌어진 전쟁에서 영국 전함을 침몰시키는 것이었다. 전쟁이 1년밖에 남지 않은 1814년, 스웨덴의 선박이 카리브해를 항해하던 도중 USS 와스프와 연락을 주고받았다. 그 당시에는 몰랐지만, 그들이 USS 와스프를 본 마지막 목격자들이었다. 배는 물론이고 173명의 선원들 모두 다시는 볼 수 없었다. 버뮤다 삼각지대로 배가 사라진 것이 아니라면, 이미 미신을 믿

고도 남은 선원들이 실종의 원인을 열대 과일인 바나나 (그리고 카리브해는 열대 지역이다)로 돌린다 해도 큰 무리는 아니다, 그렇지 않은가?

최선을 다하고 있는 USS 와스프

☞ 이미 200년 이상 지났지만, 스쿠너 범선 패트리어트는 여전히 흥미와 논란의 대상이다. 1812년 사략선이 열대 지역에서 노략질을 마치고 북쪽으로 향하고 있었는데, 배에 포획물이 가득하다는 소문이 돌았다. 해적 용어로 치자면 전리품을 가득 싣고 간다네! 아마도 열대 지역에서 자라는 스마일 모양의 특정 과일도 싣고 있었을지도? 그런데, 노스캐롤라이나를 떠나 북쪽으로 떠나는 길에 배와 선원이 흔적도 없이 사라졌다. 수많은 세월 동안 원인을 두고 논쟁과 조사가 벌어졌으나 뚜렷한 답은

딱히 나오지 않았다. 누군가는 해적 '도미니크 유('잔혹한 아기'라는 별칭도 있음)'의 희생양이 되었다 말하는가 하면, 캐롤라이나 '뱅커스'에게 습격당했다고 주장하는 이들도 있었다. 둘 중 그 어떤 경우였다 하더라도 운이 나빴다 할 수밖에 없다. 아무리 바나나를 배에 실었다고 해도, 바나나의 저주가 정말로 가당키나 할까? 글쎄, 그건 아무도 모를 일이다.

☞ 마지막이지만 가장 중요한 사건, 타이타닉호의 침몰 역시 바나나가 원인일 수도 있는 불운한 사건이었다. 그래, 여러분이 제대로 읽은 것 맞다. 물론, 빙산도 미약한 요인에 들어가기는 하지만, 배가 가라앉았던 그 순간 최소 천 개가 넘는 바나나가 실려 있었다. 천 개가 넘는 바나나가. 정말 무모하구먼, 누군가는 이렇게 말할지도 모른다.

TITANIC

거미에게 당한 급사

오렌지 껍질이나 사과 심, 바나나 껍질과 같은 과일을 던졌다가 쓰레기통에서 파리가 우글대는 광경을 본 적이 있는가? 따뜻한 기후 지역에 산다면, 아마 이러한 경험이 수없이 많을 것이다. 과일은 벌레와 독사, 해충 등 여러 생물을 끌어들인다. 달콤하고 맛있으니 당연히 그럴 수밖에.

이 점을 염두에 두고, 환기가 거의 되지 않는 빽빽한 공간에 과일 상자를 켜켜이 쌓아 올리고 며칠, 혹은 한 달 이상 놓아둔다고 상상해보자. 과일 속으로 들어갈 길을 찾은 생물은 여러분에게 갈 수 있는 방법도 찾을 가능성이 높다. 특히 거미라면.

그렇다, 바나나에 이끌려 들어간 거미에게 물리면 상당히 치명적인 경우가 자주 일어난다. 바나나 상자에 올라탄 후, 거미들은 마침내 배 안으로 잠입할 수 있는 길을 찾는다. 배 안에는 자유롭게 돌아다닐 만한 공간이 없다. 이 사악한 침입자와 공간을 나눠 쓰는 선원들이 결국 독거미 또는 독사에 물리고, 이루 말할 수 없는 고통 속에서 급사하고 만다. 자타공인 겁쟁이인 나는 이 미신의 뿌리로서 거론될 수 있는 모든 원인 중 이 가설을 가장 지지한다.

너무 많은 쓰레기가 선창에

배가 침몰하는 원인과 바나나에 관련된 불운의 원인을 과적 화물 탓으로 돌릴 때 다음과 같은 네 가지 경로를 밟는다. 첫째, 이익을 높이기 위해 무역선은 가능한 최대치로 화물을 꽉꽉 채운다. 그러니 바다에서 사고를 당한다면, 무게가 많이 나가는 배는 도움을 받을 새도 없이 가라앉는 속도가 훨씬 더 빨라질 가능성이 높다. 그리고 다른 선박들이 그 현장으로 찾아온다면…난파선의 잔해로 둥둥 떠 있는 바나나를 본 선원들이 어떤 생각을 할지 짐작할 수 있을 것이다.

화물의 무게와 비슷하게, 속도도 고려해야 할 사항이다. 상품이 상하지 않은 채 구매자에게 보내려면 빠른 속도로 항해할 수밖에 없다. 배에 얼마나 많이 적재했는지 생각한다면 아마도 안전보다는 속도였을 것이다. 지나치게 성급한 여행은 성급한 실수로 이어지며 배에 손해를 입힌다. 우리는 모두 타이타닉호가 목적지에 닿기 위해 무리하게 속도를 내었다가 어떤 일이 일어났는지 알고 있다.

다음으로, 바나나를 종이 가방에 넣고 익혔다면, 나무로 만든 작은 공간에 넣은 것과 같은 일을 한 셈이다. 그러나 여기에서 알아두어야 할 중요한 점은, 바나나가 부패할 때 메테인과 여러 독성 가스를 공중에 배출하기 때문에, 적절한 환기가 이루어지지 않을 경우 주위 환경을 오염시킬 수 있다는 것이다. 또한 극단적으로 질식을 일으킬 수 있다. 못된 바나나 같으니. 정말 못 됐어.

네 번째, 마지막으로, 배가 빨리 달리면 어부는 물고기를 많이 낚기 어려워진다, 그렇지 않은가? 그리고 때가 18세기였든 바로 어제였든, 그 원인을 재수가 없는 탓으로 여긴다. 과일과 미신을 연결 짓는 일, 그다지 어렵지 않다, 그렇지 않은가?

하와이 신화

이제, 증거를 바탕으로 한 추측에서 벗어나 완전히 다른 영역으로 들어간다. 합리적인 이유 보다는 신화에 가까운. 하와이의 신화에도 바나나에 관한 일화가 있다. 하지만 두 가지 다른 종류로 나뉜다. 하나는 불운이고, 다른 하나는 단순 암시에 불과하다.

우선 첫 번째, 조 베네게노프스키 선장은 자신의 글《금지된 과일》에 이 주제를 아주 자세히 다루었다.

> "예전부터 이 섬에 살았던 원주민들의 말에 따르면, 바나나는 신의 과일이며 매우 특별한 과일로 여겨졌다. 따라서 배에 바나나를 싣고 물고기를 잡으려 하는 어부를 욕심쟁이라고 생각했다. 그렇게 탐욕스럽다는 딱지가 붙은 행위는 신의 축복을 받지 못할 것이며 빈손으로 돌아올 확률이 높았다."

그러나 다른 한 편으로는, 하와이의 어부가 긴 항해를 떠날 때, 오랜 기간 버틸 수 있도록 바나나를 먹을거리로 옆에 묶어두었다는 말도 있다. 바나나가 너무 익어서 갈변해 버리면 집에서 너무 멀리 왔다는 뜻이 되므로, 어부들은 다시 돌아가야 했다. 이는 항해의 끝을 알리는 신호이기 때문에 액운으로 해석될 수 있지만, 한 편으로는 귀향한다는 의미에서 행운으로 볼 수도 있다.

* * *

우리는 왜 사람들이 미신을 끊임없이 계속 믿는지 그 주요 이유를 알아보았다(물론, 여러분이 누구를 묻느냐에 따라 여기에서 다룬 것보다 더 많다). 따라서 미신의 이유가 어떻게 진화했고 사람들이 뭐라고 말했는지 살펴보자.

조 베네게노프스키 선장은 이 저주가 바다를 바탕으로 한 미신 중에 "가장 유명하면서도 광범위하게 논란을 불러일으키고 있다"고 서술했다(다양한 미신이 많으니 정말 맞는 말이다!).

현대에서는 주로 어업 중심으로 진화했다. 온라인으로 잠시 검색을 해보면 물고기를 잡는데 운이 따라주지 않아 비통해하는 사람들의 이야기가 백 몇 개까지는 아니더라도 수십 개는 나올 것이다. 누군가가 무식하게 바나나를 배에 실었다는 사실을 알고, 과일(그리고 때로는 바나나를 가져온 장본인까지)을 버렸더니 수많은 물고기가 잡혔다는 그런 이야기들 말이다. 아니면 유머 감각을 뽐내려고 행운을 빈다며 바나나 수십 다발을 배에 가져오는 사람들의 사진도 찾아볼 수 있을 것이다. 이 미신은 좋은 방향이든 나쁜 방향이든 확실히 지금도 살아 있다.

베네게노프스키가 선장으로 있던 그 당시에 목격한 바에 따르면, 어떤 이들은 심지어 b가 들어간 단어를 배에 싣지 못하도록 해야 한다고 믿기도 했다. 바나나 보트Banana Boat에서 만든 자외선 차단제, 바나나 리퍼블릭Banana Republic에서 만든 옷, 바나나 향이 나는 머핀, 지금 바나나라고 말했지! 그는 바나나가 낚시꾼의 손이나 쿨러에서 강제로 뜯기고 바다 위로 내던져지는 모습을 자주 보았다고 했다.

뉴욕 타임스는 몬토크갑(미국 뉴욕주 동남부 – 옮긴이)에서 일하는 릭에첼이라는 다른 선장의 말을 인용했다. "사람들은 바나나를 너무 심각하게 받아들인다. 몇 년 전 어떤 남자가 바나나 리퍼블릭 티셔츠를 입고 내가 운행하는 배에 탔다. 그런데 같은 무리에 있던 또 다른 남자가 칼을 들고 그에게 가더니 로고를 찢어버렸다."

부두를 따라, 티셔츠에, 심지어 선원들과 어부, 선장 등과 맺는 계약서에서도 바나나 금지 기호를 흔히 볼 수 있다. 어떤 계약서에서는 직원들에게 바나나를 절대 배에 싣지 않겠다는 서약을 요구하기도 한다.

하지만, 농장과 과일 회사들이 이러한 두려움에 귀를 기울여 바나나 배송을 포기했다고 생각한다면 오산이다. 우리는 냉장 기술이 진일보했다는 사실을 염두에 두어야 한다.

여기까지 바나나의 저주의 기원과 진화하는 이야기를 살펴보았다. 그런데 질문이 하나 있다. 바나나가 여전히 전과 똑같이 보이는가?

꽃의 힘

꽃은 아름답다. 우아하고 이국적이며, 어떤 이는 에로틱하다고도 말할 것이다. 사람들이 꽃을 자손 번식과 밀접하게 연결 지은 것도 신기한 일이 아니다. 그중에서도 난초가 이 미신과 관련된 꽃 중 가장 인기가 많다. 이름 자체가 고환을 뜻하는 그리스어, orkhis에서 왔다. 순전히 생김새 때문에 이러한 이름이 붙었는데, 이 꽃으로 남녀 모두의 성기를 상징적으로 나타내기는 했다(이 주제를 다루고 있어서 말인데, 자연의 존재들 대다수가 단순히 생김새의 유사성 때문에 이름이 붙었다. '아보카도' 역시 고환을 뜻하는 아스테카어에서 따왔다). 맹세하건대 지금이 내가 고환을 쓰는 마지막일 터다. 고환.

어쨌든, 고대 그리스인들은 임신한 부부 중 한 명이 난초의 꽃을 먹으면 아직 태어나지 않은 아기의 성별에 영향을 줄 수 있다고 믿었다. 난초와 친하지 않을까 봐 알려주는데, 어떤 난초는 뿌리에서 덩이줄기가 자란다. 고대 그리스인들은 남편이 더 큰 덩이줄기를 먹으면 아들일 것이라 믿었다. 부모가 딸을 원하면 아내가 가장 작은 덩이뿌리를 먹으면 된다.

이제 성적인 측면에서 왜 이런 미신이 있었는지 자세히 살펴보자. 우선, 난초는 수백 년 동안 우리의 상상력을 자극했다. 세계에서 가장 인기가 많은 꽃이기도 하고. 역사를 통틀어 난초는 식재료와 약, 장식품, 그리고 최음제로 쓰였다.

꽃 자체도 수분을 확실히 맺을 수 있는 방향으로 발전했다. 난초는 수백 수천 가지 잡종이 넘는 다양한 대가족이다! 말 그대로 번식 기계다. 이러한 이유로 다산의 상징으로 부르게 된 것이다.

1세기 그리스의 의사였던 디오스코리데스는 그의 약물학 저서 《마테리아 메디카Materia Medica》에서 난초가 성에 영향을 주었다는 이론을 내세웠다. 덕분에 당연하게도 난초는 세대를 걸쳐 신혼부부나 예비부부에게 주는 선물로 큰 인기를 얻었다. 현실로 돌아와서, 서른 살이 넘은 (독신자든 배우자와 함께 있는) 누군가의 집을 둘러본다면, 난초를 볼 확률이 높다. 아마도 세 개 정도. 왜 그런지는 알 게 뭐야?

고대 중국인과 일본인들은 난초가 인간의 아름다움과 완벽함의 상징이라 믿었다. 공자는 난초의 향을 우정의 기쁨에 비유했다. 또한 난초는 열대 지역에서만 자라기 때문에, 수십 년 동안 값비싸고 누구나 원하는 꽃이었다.

이러한 이유로 난초는 사회적으로 높은 신분의 상징이 되어 풍요의 부적처럼 여겨졌다. 어쨌든 난초는 많은 이점을 안고 있다. 난초의 상징성은 전 세계의 문화 구석구석에 스며들었고, 지금도 그 높은 지위를 마음껏 누리고 있다. 그냥 보아도 우아한 자태, 여러분도 인정하지 않는가?

만약 여러분이 블랙홀 속으로 들어가고 싶다면, 번식과 임신에 관한 연구를 해보기를 바란다. 도저히 빠져나올 수 없을 것이다. 아름다운 난초는 그중 꽃잎 한 장에 불과하니까!

3의 저주

행운의 숫자들. 이 글귀를 읽으면 머릿속에 어떤 숫자가 떠오르는가? 5? 23? 17? 누구나 행운의 숫자하면 연상되는 숫자가 있다. 나도 그렇다. 나의 행운의 숫자는 15이다. 하지만 그렇다면…불행의 숫자는? 문화와 풍습은 숫자에 관한 미신으로 홍수를 이루었다.

내가 찾은 미신 중 가장 흥미로운 것은 '3의 법칙'이다. 오랫동안, 연극 무대나 탈의실에서 촛불 세 개가 타오르고 있으면 끔찍한 불행으로 여겼다. 가장 짧은 초에서 가장 가까이 있는 사람이라면 누구든 가장 먼저 죽거나, 가장 먼저 결혼한다(선택에 대해 말하는 것이다).

초에 관련된 미신의 기원으로 추정되는 몇 가지가 있다. 우선, 너무 많은 초에 불을 붙이면 화재의 위험이 커졌고, 극장 대부분이 목재로 만들어졌기 때문에 화재가 나면 많은 이들의 생계가 끊긴다는 것을 의미했다. 또한 초기 그리스도교 관습에서는 성직자만이 초 세 개에 불을 붙일 수 있었다. 이는 성부, 성자, 성령의 삼위일체와 깊은 연관이 있었다.

성직자 자격이 없는 사람이 초에 불을 붙이면 신성모독으로 보일 수 있었다. 하지만 전기의 발명으로 초를 사용하는 빈도가 점점 줄어들었고, 그 결과 초에 관련된 미신도 점점 희미해지더니 완전히 꺼지고 말았다(그렇다. 한 문장에 말장난을 얼마나 많이 넣을 수 있는지 실험해 보았다).

그와 마찬가지로, 성냥 하나로 담배 세 개비에 불을 붙이는 것 역시 불행과 직결된다고 보았다. 이 미신은 영국군이 보어 전쟁에서 싸울 때 나왔다. 참호에 있던 군인들이 담배 세 개비에 불을 붙일 만큼 성냥에 불이 오래 붙으면, 적군에게 들킬 가능성이 높았다. 그러면 마지막 담배에 불을 붙인 군인이 누구든, '세 번째'는 저격수의 공격을 받을 터였다. 내가 볼 때 이 특정 미신은 주의를 주기 위해 태어난 것 같다.

이렇게 널리 알려진 미신인데도 불구하고, 스웨덴의 성냥 제조업자 이바르 크뤼게르는 이 미신의 기원과는 아무 관련이 없었다. 그러나 그는 이 미신으로 이익을 얻었고 그 이익을 최대한 짜냈다. 생각해보자, 성냥을 많이 쓰면 쓸수록 이바르는 더 많이 팔 수 있지 않은가! 담배 세 개비에 성냥 하나라면 사업에 도움이 되지 않는다. 사람들이 미신에 기대는 본능은 너무나 쉬운 먹잇감이었다.

나도 인정한다. 이 미신은 직관에 완전히 반대되는 것이라서 '충격 받았다'. 숫자 3은 행운이어야 하지 않을까? 완벽한 숫자라고 다들 생각했다. '삼 세 번만의 행운'이라는 말도 있지 않은가? 성 삼위일체도 세 가지 소원을 당연히 여겼고, 불교에서도 '삼보'라는 세 가지 보물이 있으며, 세 명의 여신 등도 있다. 숫자 3은 많은 문화권에서 상징적 의미를 지녔다.

하지만 이 미신과 관련된 속담도 흔하다. "(나쁜 사건이 두 번 발생하면) 세 번째에 불운이 찾아온다." "세 번째에 죽음이 찾아온다." 또는 "셋이 없으면 둘도 절대 없다." "비가 오면 퍼붓는다(안 좋은 일은 한꺼번에 찾아온다)." 역시 이와 관련이 있다.

조부모님 중에 한 분이 돌아가시면, 곧 삼촌이나 사촌이 뒤따라 세상을 떠나고, 이제 누가 다음으로 죽게 되는지 가족들의 눈이 쏠린다는 말을 수없이 들었다. 심리학자들은 우리가 단순히 연속성에 지나치게 집착하는 경향이 있어서 불운을 끝낼 마지막을 찾기 때문이라고 말한다.

불행의 숫자 룰렛

☞ 탁자에 사람들이 홀수로 앉아있으면 재수가 없다.

☞ 누군가 하루에 세 번 행운이 찾아온다면 그날은 아주 길한 날이며 어떤 사업을 해도 반드시 성공한다.

☞ 스코틀랜드에서 5월 3일은 '우울한 날'로 불리는데 이날에 스코틀랜드인은 그 어떤 것도 시작하려 하지 않는다.

☞ 3, 9, 12, 또는 7로 끝나는 숫자는 운이 좋을 가능성이 높다.

☞ 꼬투리에서 콩 아홉 개를 찾으면 운이 좋다.

☞ 미국 2달러 지폐는 재수가 없다고 여겨진다. 하지만 모서리를 조금 찢으면 괜찮아진다. 왜 그럴까? 찢어진 모서리는 삼각형이 되는데, 세 꼭짓점, 즉, '행운의' 숫자가 되기 때문이다. 나라 어디를 가나 모서리가 찢어진 2달러 지폐가 보이는 이유가 그 때문이다.

도토리에 얽힌 설화

도토리는 마법과도 같다. 영화 〈아이스 에이지〉에 나온 다람쥐가

그렇게 말할 것이다. 여러분은 할머니가 왜 작은 도토리 모양을 뜨개질하거나 나무로 조각하여 주위에 놓는지 모를 수도 있는데, 이 작은 견과류는 수백 년 동안 부적으로 쓰였다.

대영제국에서부터 스칸디나비아까지 도토리는 젊음과 행운을 가져다주는 징표로 여겨져 왔다. 여자가 주머니에 도토리를 넣고 다니면, 더 오랫동안 젊음을 유지하고 건강해진다고 믿었다.

노르웨이 신화 중에는 토르가 참나무 아래에 숨어 천둥을 피했다는 이야기가 있다. 그 이유는 참나무가 토르의 나무라는 인식이 있기 때문이다. 할머니의 작은 부적이 떠오르는 대목이다. 사람들은 토르에게 천둥이나 번개로부터 자신들을 지켜달라는 부탁을 하는 의미로 창틀이나 현관 문틀에 도토리를 놓고는 한다.

할머니 부적에 덧붙여, 베네치아식 창문 블라인드를 조정하는 줄 끝에 달린 도토리 모양의 작은 구슬을 본 적이 있을지 모른다. 이 미신도 위와 관련이 있다! 마지막으로, 도토리는 남자의 성기와 닮았다고들 생각하여(충격), 이 작은 부적을 어딘가에 걸어 놓아 대를 잇는 증표로 활용했다.

초상화 읽는 사람

최근 한 지역 예술가의 전시회 개막식에 간 적이 있다. 그곳에서 진기한 그림들을 감상하고 있는데, 어떤 커다란 조각이 떨어지는 바람에 길을 가다 멈추었다. 곧이어 화가와 그의 수행원이 웅성거리는 소리가 잦아들고 그림을 안전하게 구하고 나자, 나는 벽에서 그림이 떨어졌을 때 느꼈던 본능적인 공포가 궁금해졌다. 왜 등골이 오싹해지는 느낌이 들었을까? 출처를 알 수 없는 무료 음료 때문인가? 아니면 조명 열기 때문에?

역사가 우리에게 말해주겠지만, 이러한 기분을 느낀 이는 나뿐만이 아니다. 다행히 이번 그림은 그 누구의 초상화도 아니었다. 초상화가 벽에서 떨어지면, 곧 죽음이 닥칠 징조라는……미신이 있다. 어떤 사람들은 유리가 깨질 때에만 이런 일이 일어난다고 믿는다.

영국의 한 대주교에 얽힌 재미있는 일화가 있다. 어느 날 그가 연구를 하러 방에 들어갔는데, 그의 초상화가 바닥에 떨어져 있었단다. 그는 금세 시름시름 앓다 죽고 말았는데, 초상화가 떨어진 것을 보고 겁에 질려 그랬을지도 모른다. 찰스 1세가 재임할 당시 버킹엄의 공작에게도 같은 일이 일어났다. 공작은 자신의 연구실로 들어선 순간

바닥에 떨어진 자신의 초상화를 보았고, 얼마 지나지 않아 죽고 말았다(그나저나 누가 자신의 초상화를 연구실에 걸어 놓는담?). 참 이상하다.

이 미신의 기원은 신발 미신과 비슷하다. 초상화는 주인의 본질을 담아 둔다고 믿었기 때문에, 이러한 이유로 초상화의 운명은 얽히고설키게 되었다. 현재에도 어떤 문화권에서는 이 미신을 여전히 믿는다. 그런데 초상화뿐만 아니라 모든 그림에 적용될 때가 많다. 따라서 정물화나 풍경화일지라도, 그림이 바닥으로 떨어진다면 집에 있는 사람이나 그림 가까이에 있는 사람이라면 누구든 이 죽음의 징조를 피하지 못했다.

이제 이 사실을 알았으니, 불현듯 걱정이 든다. 미술관에 걸려있던 그림은 초상화는 아니었지만, 내가 지나간 바로 그때 떨어졌다. 이상하다. 혹시……내게 죽음의 징조가 드리우는 걸까? 바짝 긴장이 된다. 안 돼. 목이 간지러운 것 같아…….

오늘 날 흔한 미신

재채기 할 때 빌어주기

여느 미신처럼 누군가 재채기를 할 때 '블레스 유bless you'라고 하는 이유는 명확하지 않다. 유력한 이론이라면 재채기를 할 때 영혼이 빠져나가는데, 영혼이 느슨해진 틈을 타 사악한 영혼이 육체를 대신 차지하지 않도록 막아주려고 이런 말을 해준다는 것이다. 이렇게 축복을 빌어주는 말은 70개가 넘는 언어로 전해진다. 제대로 '전염성 강한' 미신이로군!

행운을 빌어

19세기 초반, 술래잡기 놀이를 할 때, 아이가 나무를 만지면 잡히지 않고 '안전'해진다. 이는 '나무를 만지는' 미신에서 유래되었을 가능성이 높은데, 일어나지 않기를 바라는 일을 말하며 나무를 두드리거나 만지는 것이다(또는 운명의 시험에 벗어나기 위해).

소금을 엎지르면

원래는 소금이 여러분의 방향으로 쏟아지면 재수가 없을 것이라 생각했다(소금을 누가 쏟았는지는 상관없다). 현대에 와서는 소금을 쏟는 사람이 불운해진다고 생각하게 되었다. 가장 그럴듯한 연관성(다양한 연관성이 있다)이라면 유다가 최후의 만찬에서 소금을 뒤집었고, 여러분이 소금을 어깨 너머로 던지면 악마가 왼쪽 귀(가장 약한 귀)에 대고 속삭이는 것을 막을 수 있다는 것이다. 아니면 소금에 십자가를 그을 수도 있다.

소금은 시대를 막론하고 돈과 맞먹는 값비싼 상품으로 취급받았고, 번영과 밀접한 관련이 있다. 사실 급여라는 뜻의 '샐러리salary'도 라틴어의 살라리움salarium에서 온 것이 아닌가. '낭비'는 당신과 당신의 가족에게 비극을 초래할 수 있었다.

사다리 아래로 지나가기

이 미신은 좀 혼탁한 면이 있다. 누구에게 묻느냐에 따라 이 미신의 유래가 달라지기 때문이다. 어떤 이들은 사다리 밑을 걸어가면 신성모독으로 간주된다고 말한다. 사다리가 벽에 기대면 삼각형이 되기 때문이다(즉, 모서리 세 개의 삼위일체). 또 다른 이들은 이 미신이 사형수가 사다리를 타고 교수대 위로 올라가는 것에서 비롯되었다고 말한다. 그리고 여기에 보다 실용적인 관점이 있다. 당신의 머리 위로 떨어질 수 있다는 사실! 머리 위에 그림이나 석고가 있으면 불편하다는 사실을 아는 것, 나는 여기에 한 표.

의학적 치료와
돌팔이 의사,
그리고 미치광이

"의사는 영혼을 달래주는 존재에 지나지 않는다."

– 페트로니우스

의학의 역사를 들려 달라

우리가 아플 때…… 무력함을 느끼고 고통이 사라지기를 간절히 바랄 때 어디로 가는가? 정신과 전문의가 이 목적에 딱 부합할지도 모른다. 신체적인 문제라면 의사에게 가야하고. 둘 모두에게 도움을 받을 수 있다면 더 좋다. 아주 오래전, 의사가 지금처럼 존경받는 직업이 되기 전, 의사는 정신적 도움과 신체적 도움을 동시에 주었다. 그리고 바깥에 있던 돌팔이 의사들은 이 점을 잘 알고 있었다.

우리 조상들이 병에 걸리거나 고통스러운 사고를 당했을 때, 또는 임신이나 불로(不老)처럼 그냥 원하는 무언가가 있을 때, 의사들은 희망을…약속했다. 앞서 인용한 페트로니우스의 말이 사실로 와 닿는 이유이다.

"의사는 영혼을 달래주는 존재에 지나지 않는다."

점점 쇠약해지는 병으로 고통받는 불쌍한 영혼을 치료하기 위해, 의사가 그의 엉덩이에 관을 꼽고 담배 연기를 불어 넣었다는데, 정말로 효과가 있다고 믿었을까? 당연히 효과가 있다고 믿었다. 게다가 두개골에 구멍을 뚫으면 우울증을 치료할 수 있다고 믿기도 했다.

물론 고대의 의사들이 행한 치료법이 맞는 경우도 다수 있긴 했지만, 대신 어이없게 실수를 한 일에 초점을 맞춘다면? 아니면 정신 나간 이야기나 머리를 긁적이게 하는 치료법, 그리고 재미있는 발견을 탐구하는 것은?

우리의 의학사는 우리만큼이나 재미있고 창의적이며, 그동안 의학이 얼마나 많이 (그리고 얼마나 적게!) 변화했는지 깨닫게 만들어 줄 것이다. 심지어 오늘날에도 1399년 수준의 약과 치료법을 밀어붙이는 의사들과 의학 회사, 돌팔이 같은 자료들이 존재한다. 진짜로.

치료법의 형태가 담배 연기로 하는 관장이든 여타 의문을 자아내는 관행이든, 당신에게 희망을 주고 무언가를 약속하며 엉덩이에 연기를 불어 넣어 버리는 누군가가 언제나 존재할 것이다. 당신의 엉덩이에 관을 꽂아 넣든 말든 결정하는 것은 오롯이 당신 몫이다.

이제 막 사망하였으니 작업에 착수해야겠군

과거에 어안이 벙벙하게 만드는 치료법이 참 많기는 했지만, 눈을 가늘게 뜨고 유심히 쳐다보면 대개 여기에는 이치에 맞는 논리 혹은 미심쩍은 이론이 있다. 하지만 시체 의학과 관련해서는 논리 따위가 아득히 사라져버린다. 게다가 그렇게 오래 지속되었다는 점도 당황스럽다. 의사들은 시체를 '치료용으로' 다양하게 활용했다. 심지어 고대 그리스와 로마 시대에는 화장품으로 쓰기까지 했다.

사마귀를 치료하는 일부터 젊음을 유지하기까지, 우리 인간의 몸 전체는 어떤 특정 목적을 담고 있다고 믿었다. 과거의 처방전을 보면 머리카락과 체내 지방, 오줌, 모유, 대변, 생리혈에 이르기까지 인간의 신체 일부를 처방했다는 기록을 수도 없이 볼 수 있다. 하지만 지방이

나 뼈와 같은 성분은 공여자가 살아있지 않을 때에만 확보할 수 있다. 세상을 떠난 고귀한 이들은 돈을 꽤나 만지게 해주는 노다지였다.

치료제로 가장 큰 인기를 모은 상품은 이제 막 죽은 범죄자였다. 이에 대한 이론은 플랑드르(현재의 벨기에-옮긴이) 출신의 과학자이자 의사였던 판 헬몬트에게서 나온 것으로 추정되는데, 그는 사람이 죽은 뒤에도 신체의 생명력이 계속 남아 있다고 믿었다. 특히 강압적으로 죽음을 맞이했다면, 그 생명력은 더욱 강해진다. 이제 '치료'목적으로 금방 죽은 시신(그리고 고대의 미라도)을 어떻게 다루었는지 탐험하러 가보자.

사형 집행인의 연고

사형 집행인의 연고가 무엇일까, 그리고 왜 시도해 보고 싶다는 생각이 들지 않는 것일까? 음, 여러분이 그 문제에 너무 오래 골몰하게 두지는 않겠다. 사형 집행인의 연고란 이제 막 집행된 사형수의 지방을 가리키는 또 다른 이름이다. '사람의 기름'과 '가엾은 죄인의 지방'이라는 이름으로도 알려져 있다. 이것은 통풍부터 외과적 상처에 이르기까지 다양한 질병을 치료하는 데 주로 사용되었다.

지방은 약제상에게 팔리고는 했지만, 집행인들도 쓸 권리가 있었다. 네덜란드에서는 집행인들이 인간의 지방을 고문을 받은 다른 죄수들에게 흔히 발라주었다. 인간의 지방으로 만든 연고는 과거에 퍽 애용되었던 상품이었고, 19세기 초반까지도 계속 쓰였다. 어떻게 이런 일이 일어날 수 있었을까? 어, 시간이 지남에 따라 제품의 재료를

이전보다 덜 광고했기 때문이다. 화장품으로 연고를 사긴 했지만 원
재료가 무엇인지는 모를 수 있다.

그러면, 정확히 어떻게…… 사람의 지방을…… 얻는지 알고 있는
가? 16세기의 의사였던 안드레아 베살리우스는 시체를 삶은 뒤 뼈와
연골을 뽑아내고, 물 위에 둥둥 떠오르는 사람의 지방을 건져내라고
권고했다.

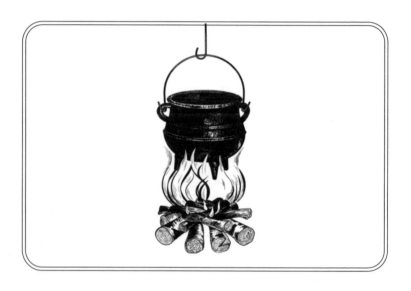

이런 식의 의학적 처치 방법이 어쩌다가 생겼는지에 대해 또 다른
학설이 있는데, 미신과 관련이 있다. 오래전부터 성인과 순교자의 지
방에는 기적 같은 치유 능력이 있다고 믿었다. 또한 마녀들은 '마녀
의 안식일'에 아이들의 지방을 섞은 마약성 약초를 먹는 것으로 알려
졌다.

세상을 떠난 어린이들의 생명력이 지방에 담겨 있다고 믿었기 때

문이다. 이러한 믿음이 헬몬트의 이론으로 이어지는 데에는 그다지 오랜 시간이 걸리지 않았다. 민속이란 결국 과거와 현재의 수많은 풍습이 뒤섞여 나온 것이다.

이러한 풍습은 듣기만 해도 몸을 오싹하게 만들지만, 인간의 지방을 치유 용도로 쓰는 것은 전적으로 미신 때문만은 아니다. 현대 의학은 지방질 조직(지방)이 '혈관을 형성'하는데 상당히 높은 기여를 한다는 사실을 밝혀냈다. 다시 말해 기존 혈관에서 새로운 혈관을 만들어 내는데 촉진 작용을 한다는 말이다. 따라서 그러한 결과를 본 사람들은 질문을 쏟아내지 않고도 효과적이라고 믿게 되었다.

미국 약학 및 과학 학술지에 따르면 17세기에 높은 인기를 구가하던 한 저자는 다음과 같은 일화를 소개했다. 한 군인이 창에 찔렸는데, '인간의 지방과 숫염소의 피, 맥주를 섞어서' 바른 덕분에 완전히 회복했다고 한다. 그리고 어떠한 경련이 일어나도, '인간의 지방과 개의 지방, 그리고 말의 골수로 만든' 연고를 발랐다고. 여기서 내가 하고 싶은 말은…… 왜 하필 숫염소여야 하지?

하지만 진짜 내가 하고 싶은 말. 인간의 지방이 수천 년 동안 쓰였다는 사실은 목을 이제 막 베인 사람만큼이나 날 당황하게 만들었다.

> *"만약 의사들이 이 물질의 힘을 알고 있었다면,*
> *[교수대]에 3일 이상 남아 있는 사람은 아무도 없을 것이다."*
>
> *- 파라켈수스, 스위스의 의사이자 연금술사*

왕의 물약

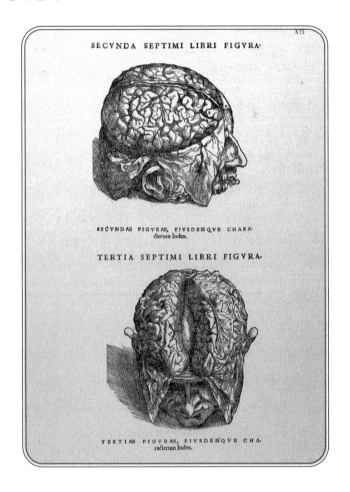

SECVNDA SEPTIMI LIBRI FIGVRA·

SECVNDAE FIGVRAE, EIVSDEMQVE CHARA-
cterum Index.

TERTIA SEPTIMI LIBRI FIGVRA·

TERTIAE FIGVRAE, EIVSDEMQVE CHA-
racterum Index.

이 알쏭달쏭한 17세기의 치료법은 다음 유명 인물에게 쓰여서 이름이 붙었다. 바로 영국의 왕, 찰스 2세이다. '고다드의 물약'이라고도 알려진 왕의 물약은 알코올에 증류한 인간 두개골 가루를 혼합한 물질이었다.

찰스는 의사인 조나단 고다드에게서 대략 6천 파운드를 주고 제조법을 샀으며, 자신의 연구실에서 혼자 만들어보고는 했다. 알코올로 혼합한 물질은 뇌전증과 실신, 경련, 무기력증, 정신병 등을 치료하는 데 사용되었고, 죽음의 문턱에 드나들던 이들을 회복하는 데에도 쓰였다.

이 섬뜩하기 짝이 없는 해골 칵테일을 만들려면 다음과 같은 재료가 필요하다:

☞ 암모니아수(水)
☞ 최근 목매달아 죽은 사람의 해골 가루
☞ 약간의 말린 독사

17세기의 신경학자였던 토머스 윌리스는 초콜릿이 들어간 다양한 형태의 증류수를 만들었다. 단맛으로 쓴맛을 지운다는 의미의 '설탕 한 숟가락'이라는 관용구를 알 것이다. 처음에는 이 제조법에 해골이 들어가지 않았다. 찰스 2세의 조부였던 제임스 1세가 한 번 해골을 넣도록 처방한 적이 있지만, 별로 좋아하지는 않았다. 이에 의사는 다음과 같은 쪽지를 남겼다. "전하께서 인간의 신체를 섭취하는 것을 꺼려하시니, 이 경우 수소의 머리로 대체할 수 있다."

왕의 물약은 찰스 1세가 사용하기 시작한 뒤로 유행이 되었다. 하지만 찰스 2세가 임종 직전에 이 약을 썼는데도 세상을 떠나자, 약의 명성에 조금 금이 갔다. 그리고 빅토리아 여왕 시대에 점차 사라졌다. 이 약이 그토록 큰 인기를 모은 이유는 '동종요법' 이론과 관련이 있지 않을까 한다. 뇌전증과 같은 질환은 머리와 관련되어 있다고 믿었고(이건 맞다), 따라서 뇌와 두개골만이 이 병을 치유할 수 있었다고 생각한 것이다.

여러분은 누군가가 두개골에 와인을 따라서 마시는 모습이나, 코피를 멈춘답시고 두개골에서 난 이끼(엄청나게 오래된 두개골에서 자란 곰팡이)를 코에 쑤셔 넣는 모습을 본 적이 있을 것이다. '약학의 아버지' 존 프렌치는 자신의 저서 《증류의 미학》에서 다음과 같이 또 다른 방법을 세안했다.

> "폭력으로 사망한 젊은 남자의 뇌와 점막, 동맥, 정맥, 신경, 등의 [조직] 모두를 돌로 만든 절구에 넣고 걸쭉해질 때까지 마구두드려라. 그 다음 포도주를 가득 붓고…말의 똥 속에 반년 동안 삭혀둔다. 하루에 한 번 이렇게 만든 진액을 특정한 물에 넣어서 마시면 병을 떨어뜨리는 데 틀림없이 효과를 보인다."
>
> – '인간의 뇌를 이용한 진액' 제조법

확실히 이해가 가도록 다시 이야기해주자면, 뇌와 살을 6개월 동안 말똥에 절여 만든 음료라는 말이다. 그래, 바로 그거. 하지만 걱정할 것 없다. 당연히 물에 희석시켜 마시면 되니까.

> *"심각한 병보다 더 나쁜 약이 있다니."*
>
> – 존 플레처, 〈자코뱅〉 대본 중

흡혈귀의 약

과거에 인간의 피도 치료 목적으로 자주 처방되었다. 의사들은 인간의 피가 뇌전증부터 기력 회복까지 다양한 증상에 효과가 있다고 주장했다. 15세기 이탈리아 학자였던 마르실리오 피치노는 피가 질병을 치료할 뿐만 아니라 불로장생약 그 자체라고 믿었다. 피치노는 노인들이 젊은이들의 건강한 피를 빨아먹으면 회춘할 수 있다고 생각했다.

> *"그러므로 왼쪽 정맥을 조금만 째서 1온스에서 2온스 정도*
> *거머리처럼 빨아 드시오⋯⋯."*

만약 여러분이 '생피를 소화하는 데 어려움이 있다면,' 그는 이렇게 제안했다.

> *"설탕을 넣어서 조금만 익힐 것, 아니면 설탕과 섞고 뜨거운 물로*
> *증류한 뒤 마실 것."*

여기에 핫소스와 셀러리도 곁들이면 여러분은 바로 블러디 메리(토마토를 넣은 칵테일-옮긴이)를 손에 넣는 셈이 된다.

피를 먹는 것 중 특히 역겨운 방식을 소개하자면, 바로 피로 만든 잼이다. 1679년 프란치스코 회의 약제사에게서 따온 조리법을 보면, '체온이 높고 땀이 많은 체질인 사람, 예를 들어 안색이 붉고 통통한 사람'의 피를 뽑으라고 권고한다. 따라서 혹시 주위를 돌아다니고 있는 위즐리Weasley를 본다면…… '끈적끈적한 덩어리로' 말려야 한다. 그 다음은 여러분의 상상력에 맡기겠다. 그리고:

> "무른 나무로 만든 부드럽고 평평한 탁자 위에 올려놓고, 수분이 떨어지도록 작고 얇게 썰어낸다. 물이 더 이상 떨어지지 않으면, 같은 탁자 위 스토브에 올려놓고, 칼로 반죽이 될 때까지 휘젓는다……. 완전히 마르면 아주 따뜻한 청동 회반죽통에 바로 넣고는 고급 비단으로 만든 체를 밀어 넣고 두드린다. 체질이 끝나면 유리병에 담고 밀봉한다. 매해 봄마다 새 병으로 갈아준다."

그런데 위의 처방전은 살아있는 사람에게서 얻은 것이다. 그러면 그동안 우리가 이야기하던 시체로부터 얻은 약은 뭔가? 피가 영험한 효능을 지녔다는 믿음은 수천 년 전 에투르리아 시대까지 거슬러

올라가지만, 더욱 인기를 모았던 때는 로마 시대로, 사람들이 쓰러진 검투사의 피를 마셨다는 기록이 있다.

인간의 지방과 마찬가지로, 건강하며 가능한 한 젊고 강한 사람의 피가 가장 좋다고 생각했던 것이다. 이 조건에 강인한 전사만큼 가장 잘 들어맞는 이가 또 누가 있을까?

검투사가 사망을 하면, 병자들이 나서서 피를 채취했다. 400년경 검투사들의 전투가 금지되자, 사형수들이 피를 얻는 원천으로 그 자리를 대신했다. 교수형에 참석한 대중들은 손에 컵과 그릇을 들고 기다렸으며, 교수대에서 이제 막 처형된 사형수의 피를 얻겠다며 너도나도 달려들었다. 뜨거울 때 마셔야지, 안 그래?

> *"우리는 다른 이들의 죽음으로 생명을 유지한다.*
> *죽은 것 속에 무감각한 생명이 남아있고,*
> *여기에 살아있는 자의 위와 재결합할 때,*
> *감각적이고 의식 있는 생명이 다시 살아난다."*
>
> *-레오나르도 다 빈치*

미라의 불로장생

지금까지 인간의 지방과 토막 낸 몸통, 이제 막 세상을 떠난 이들의 건강한 피, 인간의 두개골을 사용해 보았고, 다음에는 진짜 오래된 시신이 나온다. 바로 미라이다.

두개골과 마찬가지로, 중세 시대의 축제에 칠면조의 다리를 한 입

베어 먹는 것처럼 미라를 먹지는 않을 것이다. 미라의 일부를 아주 조금 잘라서, 가루로 만든다. 다음 제조법은 존 프렌치가 '모든 감염병'을 치료하기 위해 만든 '미라 불로장생약'이라는 제조법에서 발췌한 것이다.

미라(즉, 사람의 딱딱해진 살)를 100그램 정도 잘라내고, 포도주 대략 300그램 정도……와 함께 유약을 바른 그릇(4분의 3은 비워둠) 안에 담는다. 여기에 한 달 동안 말똥을 넣어 재워둔다.

말똥이 더 필요하다고 하셨나요? 뭐라, 미라 살코기가 제조법 중 가장 최악이라 생각한다고?

그런 다음 밖으로 꺼내서 짜내는 작업을 매달 반복한다. 그리고 필터로 여과한 뒤, 증류한 물을 바닥에 기름처럼 남을 때까지 증발시킨다. 이렇게 해서 남은 엑기스가 진정한 미라의 불로장생약이다.

한 달 동안 말똥 속에 재워두고, 또 다른 한 달 동안 공기를 쏘인다. 이 제조법을 따르려면 인내심이 필요하다. 자신이 무엇을 하려는지 되돌아보고 정신 차리게 해줄 시간이다. 하지만, 그의 말이 옳다면 모든 감염병은 이 불로장생약으로 해결될 것이다. 따라서 기다릴 가치가 충분하다. 프렌치는 또한 미라의 불로장생약은 진통 효과(balsamical)가 매우 좋다고 기술했다. 그게 무슨 말인지는 아직 파악하지 못했다. 그 말이 발사믹 식초를 뿌려 먹는 샐러드와는 관련이 없기를 바란다.

베이포럽을 발라 봐

〈나의 그리스식 웨딩〉이라는 영화를 본 적이 있다면, 어떤 문화권에서는 모든 병을 치료할 수 있는 신성한 성배가 있다는 사실을 알게 될 것이다. 이 영화에서 그 신성한 치료제는 윈덱스(Windex창문 세정제-옮긴이)였다.

종기부터 여드름까지, 그리스인 아빠는 가족들에게 병을 없애려면 '윈덱스를 뿌리라'고 말한다. 대부분의 히스패닉 문화에서는 빅스 베이포럽Vicks VapoRub이 만능약이다. 흔히 엘 빅키시토El Vickisito(작은 빅스), 엘 빅스El Bix, 엘 빅El Bic, 비바 포루Bibaporru, 오 드 비바포루Eau De ViVapoRu, and Vivaporu라고도 불린다.

비바포루Vivaporu는 라틴 문화에서 초자연적인 힘을 지닌 상징물이다. 멕시코의 시인 호세 올리바레즈는 심지어 이 작은 치유약을 기리며 시도 지었다. 여기 그 재능 넘치는 시의 짤막한 평을 공개한다.

교회 가는 날을 놓쳤다고? 페이포럽을 이마에 바르고 얼굴에 용서가 퍼져나가는 모습을 지켜보라. 은행 계좌에 페이포럽을 붓고 대금 독촉이 멈추는 현상을 보라. 스페인어를 잊어버렸을 때? 혀 아래에 페이포럽 한 숟가락을 머금어라.

아부엘라(할머니)는 어디에서나 병이 나면 이 작고 파란 약을 처방해주신다. 대부분의 질병은 감기와 상관이 없는데도 말이다. 모기에 물렸다고?

비바포루를 발라야지. 나쁜 일을 당했어? 비바포루를 먹으렴. 나도 히스패닉으로서 이렇게 말할 수 있다. 비바포루를 처방할 수 있는 다른 흔한 증상으로는 피부 발진, 메스꺼움, 두통, 귀앓이, 임신선, 근육통, 그리고 무좀 등이 있다. 기본적으로 이런 병이 의심된다면……비바포루를 쓸 것!

웃음 가스

"하프 소리를 들은 것 같아."

아산화 질소는 의학적으로 가장 위대한 발견 중 하나를 고급스럽게 일컫는 용어이다. 바로 웃음 가스를 말한다. 다행히도 나는 가벼운 수술이라 수면 마취 대신 아산화 질소를 마셨다. 엄청난 경험이었다. 태어나서 가장 기분이 좋은 날 중 하나였다.

아산화 질소를 마신 후에도 의식은 대부분 남아있었기 때문에 머릿속으로 〈햄릿〉의 대사를 되뇌었고, 간호사가 고전 음악을 틀어 놓는 동안 나는 꿈을 꾸는 듯 멜로디를 흥얼거렸다. 이상한 사람이라고 여기지 마시길. 아산화 질소의 효과를 잘 모를 경우를 대비해 말해준다면, 아산화 질소를 마시면 행복하고 더할 나위 없이 차분한 기분이 든다.

요란한 웃음소리도 터져 나올 때가 종종 있는데, 이것 때문에 아산화 질소에 웃음 가스라는 별명이 붙었다. 그냥 세상 걱정 없이 모든 것이 다 재미있고, 구름 위를 둥둥 떠다니는 기분이 든다고 상상해보라.

아산화 질소는 1772년 영국의 화학자인 조지프 프리스틀리가 최초로 발견했다. 하지만 이 기체의 효과는 수십 년이 지나도록 밝혀지지 않은 채였다. 세기가 바뀌고 나서야 영국의 의사 토머스 베도스와 영국의 화학자이자 발명가, 남작이었던 험프리 데이비는 요술처럼 고통을 덜어주는 기체의 효능을 발견하기에 이르렀다. 그들에게 신의 가호가 있기를. 한편, 데이비는 염소와 요오드, 그리고 과학과 의약에 기여한 다른 수십 가지 화합물도 밝혀냈다. 똑똑한 남작이구먼.

어느 날 데이비가 연구실에서 아산화 질소를 들이켰는데, 별안간 더없이 행복한 기분이 들었다. 데이비와 베도스는 다른 이들도 이 기체에 반응을 보이는지 알고 싶었다. 그래서 그들은 광란의 파티를 열었고, 이를 '실험'이라 여긴 데이비는 손님들에게 아산화 질소를 잔뜩 주입하고 그들의 반응을 기록했다. 그는 서른 명이 넘는 사람들의 모습을 받아 적었는데, 모두들 극심한 환희를 느꼈다고 했다. 어떤 이들은 무게가 느껴지지 않았다고 말했고, 다른 이들은 엉뚱한 생각이 마구 떠오르며 하프 소리를 들은 것 같다고 말했다. 시인 새뮤얼 콜리지는 평화로운 황홀감을 다음과 같이 묘사했다.

"눈 속을 걷다가 따뜻한 방 안으로 돌아온 기분이다."

이런 식의 파티는 1800년대 전반기에 미국과 영국 전역으로 급속히 퍼져나갔다. 사람들은 이를 '에테르 놀이'라고 불렀는데, 특히 화학과 의학을 전공하는 학생들 사이에서 큰 인기를 모았다. 파티 자체도 무척이나 재미있었지만, 파티를 여는 더 큰 목적은 데이비가 발견한 사실을 더 알아내는 것이었다.

아산화 질소가 주는 마취 효과가 주목을 받자, 고통을 덜어주는 초기 마취 요법으로 수술에 사용되기 시작했다. 아산화 질소를 놀이용으로 사용하는 일은 점차 줄어들었고, 데이비 본인이 아산화 질소에 중독되면서 기체의 중독성을 알게 된 후, 다시는 개인적으로 쓰지 않겠다고 굳게 맹세하고는 오직 객관적인 연구용으로만 사용했다.

행복감을 안겨주는 이 기체는 이제 적정량만 쓰도록 규제를 받고 있으며 의학적 상황에서만 실험할 수 있도록 되어 있다. 그러나 불법으로 이 격렬한 에테르 놀이를 열게 된다면 나도 초대하기 바람!

숙취 꺼져!

숙취: 중독된 상태, 또는 과음으로 속이 미식거리는 상태

언제 속이 미식 거리는지 누군가 물어본다면, 단연 과음하고 나서 숙취에 시달릴 때라고 말할 것이다. 정말 숙취만큼 기분이 나쁜 표현은 그 어디를 찾아봐도 힘들다. 하지만, 불편한 것은 불편한 거고, 그렇다고 피할 수는 없겠지(뭐라고, 이제부터 절대 술을 마시지 않겠다고?)?

푸하! 이제부터 과거 우리가 이 숙취 괴물에 맞서 싸우기 위해 고안했던 방법들을 소개한다.

포흐멜Pokhmel'e

1635년 독일의 학자 아담 올레아루이스는 러시아를 여행하며 눈에 보이는 장면을 기록하고 새로운 것을 배웠다. 그는 특히 러시아인들이 술을 무척이나 좋아한다는 점에 주목했다. 그는 다음과 같이 기록했다.

"그 어떤 이들도 어디에서나, 언제든, 또는 어떤 환경에서든 술 한 잔을 하거나 술판을 벌일 기회를 놓치지 않았다."

그들은 그 다음에 뻔히 찾아올 후폭풍을 어떻게 대처했을까? 전문 술꾼들은 포흐멜pokhmel'e이라는 진리의 조리법을 만들어냈다. 포흐멜은 해석하자면 '숙취' 또는 '술 마시고 난 후'라는 뜻이다.

이 전통적 숙취 해소 요리를 만들려면, 다음과 같은 조리법을 따라야 한다.

☞ 차갑게 식은 어린 양 구이를 작고 얇게 썬다.
☞ 후추와 오이(피클)를 섞어서 비슷하게 자른다.
☞ 여기에 식초와 오이즙을 같은 비율로 섞어서 붓는다.

숟가락으로 떠서 맛있게 드시길! 그 다음에 올레아루이스는 다음과 같이 적었다.

"술맛이 다시 좋아진다."

이제 한 번 더 달릴 준비가 되었다.

생각만 해도 신맛이 엄청나게 강할 것 같지만, 이 이상해 보이는 음식 조합 뒤에는 나름의 논리가 숨어있다. 양고기는 에너지원인 단백질을 제공해주며, 후추는 위액 분비를 촉진해 메스꺼움을 덜어준다. 피클의 짠물이 중요한데, 전해질 성분인 소금이 들어있는 덕분에 과음으로 탈수가 되지 않게 만들어준다. 또한 러시아의 전통적 피클 제조법으로 발효를 하면 우리가 흔히 알고 있는 생유산균이 생성되는데, 이는 장 내 유익한 균을 활성화시키는 역할을 한다.

중세 시대의 조리법 뒤에 숨은 지혜 덕분에 오늘날에도 피클 국물의 인기가 지속되고 있다. 여러분이 미국의 풋볼 경기를 좋아한다면, 2000년에 필라델피아 이글스 팀이 댈러스 카우보이 팀과 경기를 하기 전 피클 국물을 마셨다는 사실을 알고 있을 것이다. 과연, 카우보이 팀은 근육 경련으로 애를 먹었지만 이글스 팀은 모두 멀쩡했다. 결국 승리는 이글스에게 돌아갔다. 그리고 여러분이 칵테일 바에 간다면, 피클백이라는 칵테일을 주문할 수 있다. 그러면 위스키 한 잔과 함께 피클 국물 한 잔이 함께 나온다. 나중에 러시아인들에게 고맙다는 인사나 하시길!

> *"포도나무에는 세 가지 포도가 열린다.*
> *처음에는 쾌락이, 그 다음에는 도취가, 그리고 마지막으로는*
> *역겨움이다."*
>
> – 아나카르시스, 기원전 6세기

메소포타미아 스튜

과거의 재미있는 또 다른 숙취 요리는 고대 메소포타미아에서 왔다. 기원전 5천 년 경, 한 의사가 다음과 같은 요리를 만들어 보라고 제안했다:

"어떤 이가 너무 센 포도주를 마셔서 머리에 영향을 받았다면…… 동트기 전 아침에, 감초와 콩, 협죽도(서남아시아에서 자라는 관목-옮긴이)를 기름과 포도주에 섞어 먹어라……. 그리고 누군가 그에게 입을 맞추기 전에 그 음식을 먹도록 할 것. 그러면 숙취에서 벗어날 것이다."

누군가가 그에게 입맞춤하기 전이라. 그렇게 빨리?

감초와 포도주는 원래 단맛이 나고, 콩은 대개 맛이 좋다. 재료들끼리 맛이 상충하여 이상한 것만 빼고는 이 숙취 해소 음식은 다른 음식만큼 역겹지는 않을 것이다. 다만 협죽도는 사실 독성이 있는 식물이다. 구토를 유발시키는 역할을 하지만 너무 많이 먹으면 건강에 치명적일 수 있다. 그냥 두통으로 죽는 게 낫겠다.

"저녁에 마시는 포도주는 그 다음 날 약이 된다."

– 살레르노Salerno(이탈리아의 항구도시-옮긴이)의 의과 대학

양배추 붙이기: 숙취의 인과응보

양배추라는 말 자체는 공격적인 의미를 내포하지 않는다. 사실 연속으로 몇 번 말하다보면 퍽 웃기기까지 하다. 한번 해보라. 다시 또 해봐. 그렇지? 하지만 고대 그리스 로마인들은 양배추가 포도 덩굴을 괴롭히는 천적이라 생각했다. 그들은 포도 덩굴 근처에 양배추를 심으면 연약한 덩굴이 시들어 버릴 거라 믿었다.

그 이유 때문에 고대인들은 양배추가 숙취를 깨우는 데 아주 효과적이라고 생각했는지도 모른다! 포도주를 너무 많이 마셨다고?

철전치 원수인 양배추를 만나면 냅다 도망가 버릴 것이다. 아리스토텔레스 본인도 술을 마시기 전후에 양배추를 어김없이 먹었다고 알려졌다. 대(大) 플리니우스와 카토 둘 다 전지전능한 양배추가 87가지 이상의 질병을 고칠 수 있다고 주장했다.

하지만 진실은 양배추가 포도주를 응징하는 벌이 아니라 여러분의 건강에 좋다는 것이다.

양배추에는 칼륨과 황, 염소, 요오드, 비타민C, 비타민B6 뿐만 아니라 아미노산 글루타민 및 체내 알코올 아세트알데히드의 흡수를 돕는 섬유질 등 영양소가 어마어마하게 들어있다.

요 앙큼한 말썽꾸러기는 다양한 방법으로 조리해 먹을 수 있는데, 특히 술을 마시기 전후에 먹으면 효과가 좋다.

☞ 식초와 올리브오일을 듬뿍 곁들여 생으로 먹는다.

☞ 삶아서 식초와 올리브오일을 곁들여 먹는다.

☞ 러시아식으로 양배추 피클 국물과 먹는다. (이 정도는 예상 가능?)

☞ 우크라이나 방식으로 사우어크라우트(독일식 발효 채소)로 만들어 먹는다.

☞ 양배추를 삶아서 나온 국물을 마신다.

또한 그리스의 의사였던 갈레노스는 머리를 양배추 잎으로 감싸라고 권고했다. 하지만 이렇게 하면 여러분의 기분보다 이 희한한 광경을 본 사람들의 기분이 더 좋아질 것이라 확신한다.

> "남자가 술을 너무 많이 마셨다면 소금과 식초로 고환을 씻어야 하고,
> 여성이라면 가슴을 같은 방식으로 씻어야 한다.
> 또한 설탕을 넣은 양배추즙을 마시거나, 줄기 또는 잎을 먹도록 해둔다."
>
> – 캔터베리 이야기

창의적인 화관

이번에는 머리를 무언가로 둘둘 감싸는 이야기다. 고대 그리스에서 만찬을 여는 방법을 제대로 알고 있다면, 숙취 방지용으로 손님의 머리에 장식할 화환을 반드시 구비하고 있을 것이다. 화환에서 풍기는 독특한 향기가 포도주를 과음할 때 생기는 만일의 사태를 막아준다고 믿었다.

최근에 발견된 그리스 로마 문서를 보면, 화환의 치유 효과만으로 책 한 권 분량을 다 채울 만큼 내용도 방대하다. 어떤 꽃과 식물, 잎에는 치유력이 있는데, 이들을 특정한 방법으로 섞는 일은 숙련된 기술을 요했다.

예를 들어 장미나 도금양의 냄새는 두통을 막아주고 '나쁜 기분'을 가라앉혀 준다고 생각했다. 장미는 진정제로서도 탁월한 효과를 발휘했다. 헤나, 세이지, 샤프론은 잠을 푹 자고 개운하게 일어나도록 도와준다.

또한 그 유명한 바카날리아처럼, 로마에서 열리는 광란의 파티를 마친 후에는 알렉산드리아 월계수 잎을 꼬아서 목 주위에 두르면 좋다고 했다. 특정 신과 관련이 있는 식물이 있다면, 이도 유용하게 쓰일 수 있다. 예를 들어 담쟁이덩굴과 월계수, 수선화는 모두 디오니소스(포도 나무와 포도주의 신-옮긴이)와 관련이 있기 때문에 다양한 의학 재료로 광범위하게 쓰였다.

유명한 의사였던 트리포누스는 화관이 "단순한 장식용이 아니라, 숙취와 편두통, 그리고 다양한 고질병을 완화하는 데 도움을 준다"고 말했다. 아마도 꽃을 왕관처럼 얹고 코첼라 축제(미국 코첼라 밸리에서 열리는 음악 축제-옮긴이)에 가는 사람들은 고대의 지혜에 착안한 것이리라.

우리가 그랬다고? 최초의 백신

영국의 의사였던 에드워드 제너는 1796년 최초로 백신을 만들었다. 18세기 유럽에서는 천연두로 해마다 거의 50만 명이 목숨을 잃었다. 천연두는 치명율도 높은데다 겉으로 보기에 증상이 한센병과 비슷했기 때문에, 사람들에게 극심한 공포를 일으켰다. 천연두를 한 번에 박멸시키는 열쇠는 다소 이상한 원료에서 왔다. 바로 암소였다.

암소와 젖을 짜는 여자에게서 발병한 우두 바이러스는 주로 팔과 다리에 증상이 나타났는데, 천연두보다 다소 약했다.

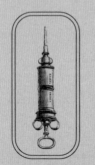

우두와 천연두가 서로 연관이 있다는 가정을 한 제너는 우두를 앓고 있던 여자의 상처에서 고름(나도 안다, 역겹나는 서)을 채취해 남자 아이의 혈액에 주입했다. 그러고 나서 아이를 천연두에 노출시켰는데 ─ 아무 일도 일어나지 않았다. 아이는 이 치명적인 감염병에 전혀 옮지 않았다. 이렇게 해서 소를 뜻하는 라틴어 바카vacca(스페인어로는 vaca)에서 백신이라는 이름을 따오게 되었다.

성스러운 치유

우리 모두 기분을 좋게 해주는 나름의 소소한 치유 방법이 있다. 배탈이 났다고? 어떤 차를 마시면 좋다. 목이 간질간질하다고? 베이포럽이 좋겠군. 그리고 뜨끈한 치킨 수프는 언제나 기분을 좋게 만들어준다. 하지만 왕족과 관련된 것은 조금…… 가외라는 것을 우리 모두 안다.

에티오피아의 황제였던 메넬리크 2세(1844년-1913년)는 몸이 조금 안 좋다고 느낄 때마다 성서를 찢어서 먹었다고 알려졌다. 신께서는 어쩌다 이 남자가 모든 질병을 고치는데 성서가 최고라는 결론을 내렸는지 아시겠지만, 어느 시점에서는 효과가 있었던 게 틀림없다. 오랫동안 성서를 먹었기 때문이다. 아니면 그냥 섬유질이 필요했는지도.

그의 소소한 습관은 1913년 정말로 새로운 국면을 맞이했다. 중풍을 앓고 난 후, 그는 성서를 마구잡이로 먹어치워 나갔고, 급기야 책으로만 식단을 구성하여 먹기만을 고집했다. 그는 중풍에서 살아

남았지만 장 폐색으로 목숨을 잃고 말았다……. 주요 원인은 종이였다. 섬유질을 지나치게 많이 먹었군.

그를 변호하자면, 성서에는 하나님의 말씀을 "먹어라"는 구절이 있다. 그러나 먹는데 시간을 덜 쓰고 읽는데 시간을 더 할애했더라면, 이 지혜의 말씀을 문자 그대로만 받아들이지는 않았을 터다. 여기에 주목할 만한 말씀 하나를 소개한다.

"나는 주의 이름으로 일컬음을 받는 자라
내가 주의 말씀을 얻어먹었사오니
주의 말씀은 내게 기쁨과 내 마음의 즐거움이오나……"

- 예레미야 15장 16절

여러분이 메넬리크 2세였다면 단 한 가지 의미로 생각했겠지. 맛있게 드세요.

돌팔이의 처방전

"약은 건강을 되찾아주기도 하지만 망치기도 한다."

- 오비디우스, 시집《트리스티아 Tristia》中

한센병은 이제 그만

다음 치료법은 당신의 평판을 떨어뜨리는 성가신 한센병을 고쳐

줄 것이다. 목에 종을 걸어야 하는 당황스러운 일도, 남들이 모두 당신을 피하게 만드는 일도 없을 것이다. 하지만, 뱀을 무서워하지 않기를 바란다. 특히 뚱뚱하고 무시무시한 독사라면. 17세기의 저명한 의사이자《증류의 미학》의 저자였던 존 프렌치는 다음과 같이 권고했다.

최상급의 살찐 독사를 잡는다. 머리를 자른 뒤, 가죽을 벗기고 내장을 꺼낸다. 그런 다음 알코올을 첨가한 백포도주에 담근다. 크기에 따라 15리터 또는 20리터 정도가 필요하다. 2개월에서 3개월 정도 그대로 둔다. 그 다음 액체를 덜어내어 마신다. 어떤 뱀은 산 채로 포도주에 넣는다. 그리고 질식사시킨 뒤 꺼내고는 머리를 자른다. 껍질을 벗기고 내장을 꺼낸 뒤, 다시 같은 포도주에 넣는다. 앞선 방법과 똑같이 한다.

이제, 여러분을 위해 짧게 요약해주겠다. 일단, 독사부터 찾는다. 그리고 죽이려고 애써본다(여러분이 살해당하지 말고). 그런 다음 독사 시체로 지저분한 작업을 하고 나서 백포도주에 담근다. 기념일을 위해 남겨 두었던 것이라면 더 좋다.

그 다음 잡을 만한 독사가 더 있는지 찾아보아야 한다. 그 과정에서 독사에게 물려 죽지 않게 조심하도록. 그 다음 독사를 산 채로 포도주에 넣고 익사시킨다. 독사가 죽을 때까지 꽤나 오래 기다려야 할 것이다. 녀석들은 보통 물속에서 한 시간 이상 살 수 있기 때문이다. 그리고 그 끔찍한 작업을 반복한다.

그러나저러나 나는 이 포도주 약이 준비되었을 때는 이미 한센병으로 죽거나 뱀에 물려 죽었을 것 같다.

고결한 의학적 똥

"……똥에는 위대한 미덕이 있다."

똥물을 어떻게 만드는지 알고 싶은 경우에만, 다음 장을 넘겨보자. 우리의 친구 존 프렌치가 알려주는 다음 제조법은 땅을 비옥하게 만듦으로써 그의 말마따나 의학적으로 이득이 있다. 이 점은 제대로 짚은 게 맞다. 땅이 비옥하면 작물이 잘 자라니까. 그렇다면 가게에서 비료를 살 필요가 있을까? 다음과 같은 방법으로 자신만의 똥차를 만들어보자.

옛날에 증류를 할 때 쓰던 '증류기.'
더 큰 쪽의 끄트머리는 불꽃 아래에 놓는다.

원하는 만큼 똥을 가져온다. 아직 따끈따끈한 똥이라면, 일반적인 찬물을 담은 [그림]의 증류기에 넣고 약하게 불을 쬐어 증류한다. 증류기 바닥을 증기 위에 놓으면 가장 좋다. 더 강한 걸 원한다면, 그 물에 대변을 여러 번 증류한다. 그러면 똥 안에 위대한 미덕이 보일 것이다. 땅을 비옥하게 만들어주고, 의학적으로도 매우 효과가 좋다.

당신의 영혼을 자극하는 증류주

못하겠다고 여기는 날에 필요한 것이 무엇인지 정확히 아는가? 생산성 있는 판다보다 나무늘보에 더 가깝다고 여기는 날에는? 아쿠아 마그나니미타티스Aqua Magnanimitatis의 영혼을 마셔 정신 차리도록 해라. 특히 전쟁에 나갈 때나 용기가 필요할 때, 오줌을 많이 누고 싶을 때, 아니면 섹스를 많이 하고 싶을 때 특히 좋다. 기본적으로 어마어마한 자극이 될 것이다. 아마도 한시도 가만히 있지 못할걸.

이 치료법의 원료를 여러분도 알지 모른다. 바로 개미다. 영어로 '피스 앤트piss ant'라 부르는데 프랑스어처럼 우아하게 발음하고 싶다면 '피샌타pissant'라 말하기도 한다. 무엇보다도 이 치료약을 만들려면 이 짜증나고 자그마한 곤충이 엄청나게 많이 필요하다. 아쿠아 마그나니미타티스는 청각 장애를 치료해주고 시력을 회복시켜준다. 하지만 만약 시력이 점점 떨어지고 있다면…… 눈에 개미 안약을 과감히 넣어 보겠다.

개미(시큼한 냄새가 나는 가장 큰 녀석)를 두 움큼 잡아오고, 증류한 포도주를 4리터 정도 준비한다. 유리그릇에 개미와 포도주를 넣고 뚜껑을 닫은 뒤, 액체로 분해될 때까지 한 달 정도 둔다. 그 다음 발네움balneum(뜨거운 물을 담아둔 그릇)에 넣고 마를 때까지 증류한다. 그리고 이전과 같은 양의 개미를 넣는다. 앞서 작업한 같은 액체에 넣고 증류한다. 세 번 반복하고 나서 계피를 곁들여 향기를 돋운다.

증류수에는 기름이 뜨는데 반드시 분리해야 한다는 것을 명심하라.

이 증류수는 동물의 정신을 일깨우는 데 탁월한 효과를 발휘한다. 존 캐스미어가 그랬다……. 싸우러 갈 때마다 항상 그것을 마셨으며, 감탄을 자아낼 정도로 관대함과 용기를 끌어올렸다고.

이 증류수는 또한 성적 행위에 게으른 사람들을 놀라울 정도로 자극해준다. [황음荒淫]

감탄사가 나올 정도로 이뇨 작용이 뛰어나다.

추워서 행동이 굼뜬 사람들을 펄쩍 뛰게 만들어 줄 수도 있다. 기름도 같은 효과가 있는데, 심지어는 더 강력하다.

증류수뿐만 아니라 기름도 청력 장애에 큰 도움을 준다. 하루에 한 번 일주일 동안 주사기에 기름을 넣고 귀에 한두 방울 떨어뜨리면 된다.

또한 눈에 떨어뜨리면 각막을 형성하는 데 도움을 준다.

존 캐스미어는 16세기 독일의 왕자였는데, 그가 벌인 전투 대부분은 종교적 문제와 관련된 것이었다. 따라서 그처럼 전투에 나서야 한다면, 아쿠아 마그나니미타티스가 전투에 앞서 용기를 북돋아 줄 것이다.

누군가가 왜 '감탄사가 나올 정도로 이뇨 작용이' 뛰어나길 원하는지는 잘 모르겠다. 성인 남자 두 명 사이에서 오줌 멀리 누기 대회라도 나가나? 의도가 무엇이든, 증류수는 개미가 들어간 5시간 지속성 에너지 드링크와 마찬가지이므로, 나무늘보 같은 성향을 치료해주고 무기력한 기분을 문밖으로 내쫓아줄 것이다.

> *"환자가 아파할 때 치료비를 받아라."*
>
> – 흔한 의사들 충고

양파로 치료하는 27가지 방법

이 녀석들은 여러분을 눈물 나게 만들고, 퀘사디아의 맛을 북돋아주며, "내 심장은 양파 같다."라는 비유법을 생각나게 한다. 그런데 이 겹겹이 싸인 채소에 스물일곱 가지 치료법이 있다는 사실을 알고 있는지? 대(大)플리니우스가 그랬다.

플리니우스는 1세기의 다재다능한 로마의 자연주이자이며 철학자였다. 그의 일생의 역작인 《자연사Natural History》에서 그는 자연 세계의 모든 지식을 집대성하려 노력했다. 양파의 경우, 여기에 그가 소개한 스물일곱 가지 가장 좋은 치료법이 나와 있다.

양파를 썰을 때 눈물을 흘리고 싶지 않다면, 눈에 그 사악한 즙을 문지르는 상상을 해보라. 플리니우스가 처음 제안한 것은 시야에 문제가 있을 때 이 위대한 양파를 치료용으로 사용하라는 것이었다. "앞이 뿌옇게 보일 때, 환자는 눈물이 나올 때까지 양파 향을 맡는다. 양파즙을 눈에 문지르면 더 좋다." 종국에는 오스카에서 최우수상이라도 수상한 듯 엉엉 울고 말 것이다.

지옥에서 온 사냥개의 습격을 받아 물렸다면, 플리니우스는 이렇게 권고했다.

"식초에 담근 신선한 양파를 상처에 바르거나, 포도주와 꿀에 절인 말린 양파를 붙이면 개에게 물렸을 때 효과가 좋다. 이틀 정도까지는 떼지 않도록 조심한다."

양파를 며칠 동안 듬뿍 바르다니, 듣기만 해도 향기가 난다. 여기에 소금을 조금 첨가하면 오븐에 넣어도 되겠다. 또한 개에 물렸을 때 쓰는 치료법은 무언가에 계속해서 긁히거나 찔릴 때에도 효과가 좋다고 썼다.

사창가에서 하고많은 밤을 보내는 이들에게 좋은 소식이다. 양파를 "뜨거운 재에 구워서, 보리 가루와 섞은 뒤 국소에 바른다. 눈의 분비물과 성기의 궤양에 효과가 있다."

경고: 간밤의 무모한 장난 뒤에 여러분의 냄새를 좋게 만들어주지는 않을 것이다.

양파와 꿀을 섞으면 확실히 치료에 탁월한 효과가 있다. 그는 뱀에 물렸을 때와 전갈 등 동물에게 공격당해 상처를 입었을 때 이 방법을 강력히 추천했다. 또한 모유를 첨가하면 – 나도 알아 – 귀의 감염을 막을 수 있다고 주장했다. 아니면 귀가 울릴 때나 잘 들리지 않을 때, 귀에 '거위 기름이나 꿀'을 떨어뜨려라.

추가로 추천하고 싶은 양파 치료법으로는 좌약으로 이용하거나 부종(체액 정체 현상이나 부기) 치료, 후두염(편도선 염증)과 무기력을 없애는 데 사용하는 것이다. 그리고 내가 가장 좋아하는 사용법은, "너무 놀라 말문이 막혔을 때, 물과 섞어서 투여했다." 양파를 이용한 다른 두 증상으로는 치통과 구내염이다. 양파즙으로 입을 헹구면 된다.

음…… 리스테린 대 양파즙이라. 뭐가 더 좋을까? 준비, 땅, 가글가글.

우유 수혈

수혈의 역사는 길고, 논란도 많이 낳았다. 최초로 수혈에 성공한 사람은 17세기의 의사였던 리처드 로워였다. 그러나 많은 사례들이 동물학대로 시작되어 우울하게 끝났다(자신이 받았던 경고를 생각해보라). 동물은 수혈을 시험해보는 첫 번째 환자였는데, 특히 개와 양이 단골이었다. 그 다음이 인간이었고. 그러나 대부분 수혈자를 죽이는 것으로 끝이 났으며 이러한 관행은 영국 학술원과 프랑스 성부, 심지어 바티칸에까지 비난을 받았다.

수혈에는 너무나 많은 어려움과 위험이 따랐다. 피는 응고되기 마련이었기 때문에, 환자는 목숨을 건지고 나서도 죽고 말았고 헌혈자도 마찬가지였다. 이러한 약점을 피해가기란 불가능해 보였다. 하지만 19세기 중반 의사들은 어떻게든 시도해보려고 노력했다. 그 다음 무릎을 탁 치게 만드는 아이디어는? 피 대체품으로 수혈을 하는 것이었다. 그게 뭔데? 바로 우유였다.

최초의 실험은 1854년 제임스 보벨과 에드윈 호더가 했다. 그들의 이론대로라면 우유에 함유된 기름진 입자가 '백혈구'로 전환된다(저기, 우유도 흰색이니까, 맞지?). 그들은 40세의 환자에게 우유 300그램을 주입했다. 놀랍게도 반응이 괜찮았다. 그래서 다음 환자에게도 주입했다. 하지만 그 다음 다섯 번 시도 모두 환자들이 죽고 말았다.

이렇게 비관적인 결과에도 불구하고 우유가 효과적인 대체재라는 믿음 속에 실험은 계속되었다. 소젖이 주로 쓰이다가 염소젖도 투입되었고, 결국 비교한다는 명목으로 사람의 모유도 주입해보았다. 첫 번째 환자는 혈관에 모유를 주입하고 얼마 되지 않아 호흡이 끊어졌다. 다행히, 우유를 이용한 실습은 더 이상 오래가지 않았다. 1884년에 실험이 틀렸다고 인정했다. 세기가 바뀌고 1901년, 드디어 혈액형이 규명되었고 우유 수혈은 최종적으로 종지부를 찍었다.

"나는 너무나 많은 의사들이 치료하는 바람에 죽어가고 있다."

– 알렉산더 대왕

재채기의 나쁜 예

2개월이 넘도록 일 분에 한 번씩 계속 재채기 하는 모습을 상상할 수 있는가? 몇 초에 한 번씩은? 1966년 마이애미의 70세 먹은 준 클락에게 이 끔찍한 상상은 현실이었다. 어찌된 일인지 신장 수술을 마친 후 재채기가 나오더니 멈출 생각을 하지 않았다.

그녀의 주치의는 너무나 당황해서 최면 치료부터 적외선 노출까지 별별 치료법을 다 써보았다. 잠을 잘 때만 유일하게 평화를 만끽할 수 있었고, 재채기를 막기 위해 약을 먹어야 했다. 마침내 의사는 전기 치료 요법을 썼다. 재채기를 할 때마다 전기 충격을 준 것이다. 그리고 효과가 있었다!

이것을 먹으면 임신한대

인류가 탄생한 이래 임신을 하는 것(또는 하지 않는 것)은 대부분의 부부가 당면한 과제이다. 수백 년 동안 의사와 조산사들은 현대 의약의 혜택을 받지 않고 시행착오를 겪어야 했다. 임신을 절절히 바라고 (바라지 않고) 무엇이든 시도해 보려는 이들을 위해, 수많은 속임수와 화합물이 담긴 처방전이 내려져 간절한 부부의 열망을 채웠다. 그도 아니면 최소한 그들에게 희망을 불러 일으켰다. 하지만 집에서는 시도하지 않길 바란다.

용기를 내봐

"독은 독으로 없앤다"는 악명 높은 고대의 이론을 따라, 이제 같은 방식으로 그 원인을 건드려 인간의 불임을 고쳐보고자 한다. 그 원인은 바로 남자의 고환이다.

격동의 20세기에 러시아 출신의 의사 세르게이 보로노프는 괴팍한 이론을 내놓았다. 그는 나이를 먹을수록 호르몬의 활동이 떨어진다고 믿었으므로, 호르몬의 생산력을 높이면 노화를 멈출 수 있다고 (따라서 임신 가능성도 높아진다고) 생각했다. 자신의 이론을 실험해보기 위해, 그는 자가 실험을 해보기로 했다. 개와 기니피그의 고환 추출물을 자신의 고환에 주입한 것이다. 특별한 일은 일어나지 않았지만, 무슨 이유에선지 그는 자신의 실험이 성공했다고 믿었다. 나의 어머니는 자고로 남자들은 믿고 싶은 것만 믿는다고 언제나 말씀하셨다.

그는 곧 본격적으로 이식 수술을 제공하려 했지만, 개코원숭이의 고환을 '얇고' 작게 잘라서 시도하려 했다(왜냐하면 완전한 크기의 고환은 정확히 이식할 수 없기 때문이다, 미안). 플라시보(위약) 효과는 대단했고, 계속해서 수술을 진행했지만 몇 주 지나자 분위기는 시들시들해졌다. 세기가 바뀌고 존 브링클리라는 '의사'가 이 유행을 이어받았다. 분명히 말해두는데, 브링클리는 닥터 이블보다 의사 자격증은 적었다. 그는 캔자스시티의 에클레틱 의학 대학Eclectic Medical University에서 학위를 받았다고 했다(정말 그렇게 말했다고).

그는 '바람 빠진 타이어로 계속하기를 바라십니까?'라는 문구로 광고를 내고 남성들이 원래 가지고 있던 고환에 새 고환을 붙이면 정력을 회복할 수 있다고 주장했다. 이번에는 어떤 동물의 고환을 구할 거냐 물어본다면? 염소였다.

당황스러울 정도로 많은 남자들이 이 요란한 정력 치료 요법에 투자했다. 개구리 한 마리 해부해 본 적도 없는 사람에게 수술을 받아 부상을 입거나 불구가 된 사람들은 어떻게 될까? 놀라울 것도 없이 10년도 지나지 않아 그의 명성은 퇴색했고 그는 수많은 소송을 당해 파산하고 말았다.

한편, 아이러니하게도 수컷 동물의 불알은 과거에 임신을 막는 수단으로도 처방을 받았다. 이탈리아 살레르노의 트로타는 12세기 몇 안 되는 여성 의사 중 하나였는데, 임신을 못하게 막기 위해 퍽 야만적인 처방전을 내렸다.

그녀는 수컷 족제비의 고환을 자르고 족제비는 야생에 돌려보내라고 제안했다. 그 다음, 거위 가죽으로 고환을 감싸고 목에다 걸라고 했다. 목에 쪼글쪼글해진 불알을 걸고 다니면 두말할 것도 없이 남자들이 멀리 떨어져 거리를 두려 할 테고 그러면 임신으로 이어지는 그 어떤 활동도 막을 수 있을 것이다. 효과 만점 피임약이 아닌가! 이것이 만약 인간 남성의 고환이라면 (전 남친의 것이기를 빈다) 이 피임약이 덜 잔인하면서도 효과는 더 있다고 본다.

출산 테마파크

1700년대 후반, 전기가 의학계에 강한 전류를 일으켰다(미안). 독소 배출을 돕는 일부터 죽은 사람들을 살리는 일까지, 다양한 '치료'에 이용되었는데 불임이라는 역경 또한 이 범위에서 벗어나지 못했다.

제임스 그러햄이라는 또 다른 '의사'는 자신의 부유한 환자들에게 그의 정신 나간 노력을 지지해 달라고 설득했다. 그는 18세기 가장 악명 높은 괴짜 중 하나에 등극했다. 그의 억 소리 나는 실험 중 하나는 건강 사원Temple of Health과 휘멘Hymen(그리스신화 중 혼인의 신−옮긴이)이었다. 내가 볼 때 이름만 봐도 무엇인지 다 알 테니까 더 이상 말하지 않겠다. 여기서 이제 그만 해야 할 것 같다. 그렇지? 저 이름만 알아도.

어쨌든, 건강 사원과 휘멘은 1780년 런던에 문을 열었다. 그리고 이곳의 본질은 임신을 촉진하는 테마파크였다. 그곳에는 '여신'처럼 옷을 거의 벗다시피 하고 아폴로 신에게 시를 읊는 여성들로 득실댔다. 하지만 이곳의 주요 체험 시설은 그러햄의 전자파가 선율처럼 흐르는 '천상의 침대Grand State Celestial Bed'였다. 이 침대의 주요 목적은 '천상의 불이 어마어마한 파도처럼 밀려들어와 온몸에 구석구석 배어들어' 아기를 만드는 분위기를 형성하는 것이었다.

여기에 심지어 개인적인 천상의 침대를 선택하는 것처럼 모텔 서비스도 제공해주었다. 4미터 길이에 너비는 3미터나 되는 침대는 색유리로 만든 기둥 수십 개가 받치고 있고 커다란 진홍색 술로 장식을 했다. 배경 음악이 박자에 맞추어 나오는 가운데 달콤한 향기가 침대 위에서 은은하게 퍼져나갔다. 50파운드만 내면 부부는 침대를 쓸 수 있었고 '신속한 임신'을 보장받았다. 어마어마한 약속이로군. 고작 1년 뒤에 그가 파산했다는 것을 알면 여러분은 적잖이 충격 받을 것이다.

가지가지 피임약

다음 글을 읽으면 여러분은 자궁 내 피임기구IUD에 대해 즉각 감사하게 될 것이다. 고대 이집트에서는 산아 제한을 하는 흔한 기구가 다름 아닌 악어 똥이었다. 똥을 작은 조약돌처럼 말리고는 자궁 안에 넣은 뒤, 체온으로 똥이 부드러워지면 여러분이 알고 있는 그것을 막는 작용을 했다. 인도에서는 여성들이 코끼리 똥을 대신 썼다고 한다. 여러분은 여러분이 사는 곳에 있는 것을……. 이제, 배우자에게 왜 그곳에 냄새가 나는지 설명해야 한다.

그곳에 이상한 재료를 넣는 관습은 고대에 매우 흔했다. 피임 도구로 썼던 다른 재료로는 생강과 담배즙, 수액, 올리브기름, 버터, 레몬즙, 레몬 반쪽, 면, 양털, 그리고 해면 등이 있었다. 기본적으로 찬장과 화장실 서랍에 저것들을 잔뜩 채운다. 이봐, 약이 없으면 창의력을 동원해야지, 그렇지 않아?

그런데 어떤 재료는 나름대로의 이유가 있었다. 예를 들어, 레몬과 아카시아즙은 정자를 죽이는 기능을 한다. 하지만 다른 재료들, 특히 동물의 배설물은 그저 냄새만 고약하게 날 뿐이다.

완전히 죽은 거야? 아니면 거의 죽은 거야?

영화 〈프린세스 브라이드〉에서 미라클 맥스 역을 맡은 빌리 크리스털은 다음과 같은 멋진 대사를 남겼다. "그가 거의 죽었다면, 내가 살릴 수 있어. 그가 완전히 죽었다면, 할 수 있는 일이 딱 하나 있지. 그의 옷을 뒤져서 동전이 있는지 찾아보는 거야."

그래서 과거에는 완전히 죽었는지 아닌지 어떻게 알 수 있었을까? 정말로 저세상으로 넘어갔다는 사실을 어떻게 알았냐고? 잠시 혼수상태에 빠진 것도 아니고 조금 있다가 다시 깨어날 것도 아니라면? 17세기와 18세기에는 실수로 산 채로 매장을 했다가 (그걸 생매장 공포증이라 부른다) 대중들에게 당혹감을 안겨주는 일이 잦았다. 비슷한 일화가 돌고 돈 이후로는 놀라울 일이 아니었다.

1740년 프랑스의 해부학자였던 자크 윈슬로우는 다음과 같은 기록을 남겼다. "시체의 부패가 그 대상이 죽었다는 것을 알 수 있는 유일한 단서였다." 무섭지? 시신이 부패하기도 전에 매장당한 사람들에 대해서는 뭐라고 말할 수 있을까? 감사하게도 윈슬로우는 죽음을 판정할 수 있는 예방책을 만들었다.

> "사람의 콧구멍은 재채기를 일으키는 도구와 양파즙, 마늘, 고추냉이 등으로 자극을 받는다……. 마늘로 잇몸을 문지르고, 채찍과 쐐기풀(엄청난 간지러움을 일으키는 풀)로 피부를 마구 자극시킨다. 산성 관장제로 장을 자극하고, 팔다리는 무자비하게 당기고 뒤흔든다. 신경질적인 비명 소리와 아주 시끄러운 소음으로 귀에 충격을 준다. 식초와 소금을 시신의 입에 붓고, 있을 수 없는 곳에 따뜻한 오줌을 넣었는데, 이때 긍정적 효과를 내는 것이 관찰되었다."

이 모든 시도가 실패하면, 발바닥에 구멍을 낼 수도 있고, 손톱 밑으로 바늘을 쑤셔 넣거나 심지어는 항문을 찔러 볼 수도 있었다(진짜 특이하다, 그치?).

관에 넣기 전에 알아볼 것

생매장당했다는 끔찍한 이야기에 대응하기 위해, 발명가들은 기발하고 특별한 관을 만들었다. 혹시라도 진짜 죽은 게 아니라면 안에서 도움을 요청할 수 있는 관이었다. 그중에 한 명이 존 크리크바움이라는 발명가였는데, 그는 1882년 12월, 자신이 만든 관에 '매장된 사람이 살아있음을 알리는 도구'라는 이름으로 특허를 냈다. '잠깐 정신이 나가 있다는 의심이' 드는 경우에 대비해 관 속에 T자 모양의 파이프를 넣었다. 그리고 사람의 양손에 T자 모양의 파이프 양 끝을 놓았다. 파이프 밖은 땅 위로 연결되었다.

사람이 살아 있다면, 정신이 들 때 손으로 T파이프를 건드릴 것이다. 손이 파이프에 놓여 있기 때문이다. 횡으로 고정된 핀과 다른 복잡한 기법으로 파이프를 누가 건드리고 있다는 모습이 위에서 보이게 된다. 만약 사람이 '더 격하게 움직이는 것'이 분명하다면 파이프는 회전한다. 그러면 튜브가 열려 도움의 손길이 도착할 때까지 땅위의 공기가 관 속으로 들어간다. 비 또는 물이 튜브 안으로 들어가는 것을 막기 위해 튜브와 관찰용 화면은 유리로 덮어 놓는다. 덕분에 사람들은 관 속 사람의 상태를 관찰할 수 있다.

위의 것은 생명 보험 기능을 추가하여 정교하게 만든 관일 뿐이고, 1868년에 발명한 다른 관에는 종과 사다리를 달았다. 땅 위에는 밧줄로 묶은 종이 있고, 나머지 밧줄은 관 속에 있는 사람의 손에 묶는다. 어떤 움직임이 있다면 종이 울릴 테고 그러면 사람들은 즉각적으로 알아차릴 것이다. 운이 좋다면 근처에 있는 누군가가 소리를 듣게 된다.

유명인들의 무덤을 관광하는 사람(섬뜩하지만 멋진 취미이긴 하다)이 아니라면 한가하게 무덤 근처를 산책하는 이들은 많지 않다. 그래도 실질적 의학 공포증에 대응하는 멋진 발명품이다. 그리고 멋진 발명품 이야기가 나와서 말인데…… 이제 의약의 세계에서 빠져나와야할 시간 같다. 그리고 우리를 즐겁게 하고 깔깔 웃게 만들어줄 목적으로 만든 익살스러운 발명품을 탐험하러 가보자.

(No Model.)

J. G. KRICHBAUM.
DEVICE FOR INDICATING LIFE IN BURIED PERSONS.

No. 268,693.   Patented Dec. 5, 1882.

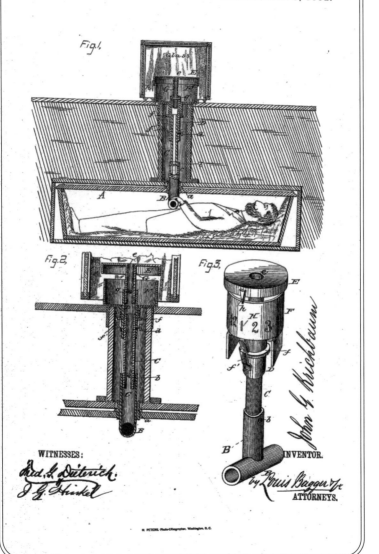

놀랍고도 익살스러운 발명품들

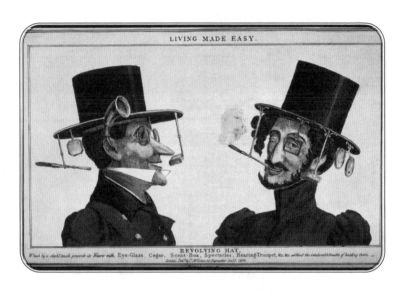

"우리는 아무것도 하지 않을 것을 알게 되면서
우리가 할 것을 발견하곤 한다. 그리고 실수를 한 번도
하지 않은 사람은 발견을 단 한 번도 하지 않았을 것이다."

–사무엘 스마일, 자조(自助), 1859년

발명의 혁신가들

이 장에서 여러분은 우리의 상상력에 한계가 없다는 말이 참으로 진실이라는 사실을 알게 될 것이다. 꿈을 꿀 수 있다면 이룰 수 있다. 상상하면 발명할 수 있다. 누군가 담배와 음악, 안경, 그리고 향수를 동시에 가지고 다닐 수 있는 신사용 모자를 그린다면, 만들 수 있다. 누군가 햄스터가 타는 바퀴와 똑같은 형태로 인간이 탈 수 있는 바퀴를 떠올린다면, 이것도 만들 수 있다. 아니면 최소한 특허는 따 놓을 수 있다는 말씀!

하지만 어떤 발명품은 특허를 따 놓고도 단 한 번도 빛을 보지 못했다. 어떤 발명품은 오늘날 우리가 편리하게 누리고 있는 물건의 초창기 모델이기도 하다. 러닝머신이 원래는 고문 도구로 발명되었다는 사실을 알고 있는가? 음, 한 번이라도 써본 적이 있다면, 러닝머신은 전적으로 고문이 목적이었다고 여길 게 분명하다. 롤러스케이트가 원래 발에 끼우는 소형 자전거를 본떴다는 사실은 알고 있는지? 모든 발명품은 치아 교정기를 끼웠더니 여드름이 나는 당혹스러운 단계가 있는 법이다.

인간의 창의력은 끝이 없다. 그리고 우리의 두뇌는 지금 현재 논리의 경계를 계속해서 허물어 버린다. 가지고 다니기 귀찮아할 정도로 게으른 이들을 위해 청바지에 키보드와 마우스를 설치한다면? 좋다. 피자를 자르고 대접하도록 특수 고안된 가위는? 있다. 우리의 걸출한 재간은 세월이 흘러도 빛바랠 줄 모른다. 하지만 잠시 시간을

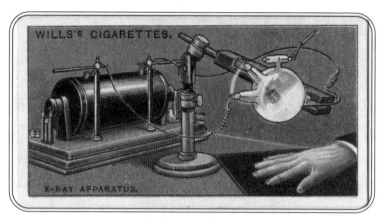

초기 엑스레이 기계를 그린 동판화.
엑스레이는 뢴트겐이 1895년 우연히 발견했다.

내어 과거 천재들의 솜씨를 한 번 살펴보자.

쥐덫용 권총

1882년 텍사스의 발명가였던 제임스 윌리엄은 '동물잡이 덫'이
라는 이름의 소박한 발명품으로 특허를 냈다. 덫의 목적은 다음과 같
이 유쾌하게 서술했다. "땅에 굴을 파는 동물을 죽일 수 있는 수단을
제공하기 위해." 바로 권총으로. 덫의 원리는 간단했지만 체계적으로
장치를 마련했다. 쥐의 압력으로 총알이 나가게 만든 것이다(오늘날
의 쥐덫과 비슷하다). 쥐가 발판 뒤에 올라서면 지렛대가 작은 기둥으로
밀고 들어가 방아쇠에 압력을 가한다. 간단하게 말해서 폭주족에 가
담한 쥐덫이었다.

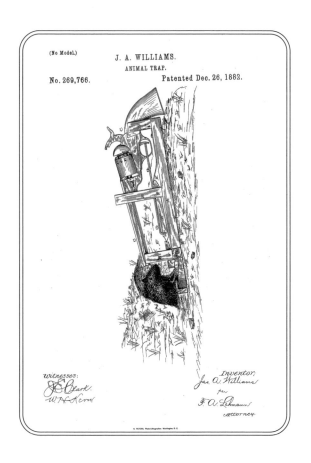

　도대체 그가 어디에서 이런 아이디어를 얻었는지 궁금할지 모른
다. 글쎄, 당시에 이미 비슷한 발명품이 있긴 했다. 하지만 그것은 도
둑이 침입했다는 것을 알리는 장치로서, 주로 현관이나 창문에 달았
다. 윌리엄은 그가 만든 덫을 도둑 방지용으로도 쓸 수 있다고 밝혔
다. 자신이 만든 경고 장치의 원리는 아주 달랐지만 말이다(난 저들의
아이디어를 훔치지 않았다고).

　그의 발명품이 쥐 문제를 다루는 데 있어서 다소 공격적이기는 하

지만, 윌리엄은 경고 장치로써도 혜택을 제공한다고 말했다. 쥐가 잡히면(죽거나 처리되면 등등), 덫을 다시 정비하라는 뜻이 되니까. 다행히, 대략 10년 뒤에 우리가 알고 있는 쥐덫이 발명되었다. 휴. 우연이라도 이런 쥐덫과 마주치면 정말 싫을 것 같다. 내 발이 남아나지 않을 테니까.

> **최초의 특허**
>
> 미국에서 최초로 특허를 낸 사람은 필라델피아에서 온 사무엘 홉킨스였는데, 1790년 (북 치는 소리-두구두구) 조지 워싱턴 대통령에게서 직접 승인을 받았다. 그는 자신의 독특한 '탄산칼슘' 만드는 법, 즉 비료에 쓰는 재료로 특허를 받았다. 솔직히 말해서 대단히 흥미진진한 발명품은 아니다. 그래도 오늘날 우리가 보유한 수백만 특허의 '비료(자양분)'가 된 것은 분명하다(미안).

"우리의 발명품은 우리의 비밀스러운 소원을 비추는 거울이다."

- 로렌스 더럴

가라앉지 않는 구명 통

이번 내용은 정신 나간 발명품보다는 정신 나간 발명가에 가깝다. 하지만 발명가들이 다들 그렇지 않나? 1915년 이탈리아인 친구 사이였던 메노티 난니와 주세페 베르톨리니는 가라앉지 않는 구명 통을 만들었다.

타이타닉호가 가라앉은 지 몇 년 지나지 않았던 터라, '가라앉지 않는'이라는 용어는 홍보하기에 적절하지 않다고 생각한다. 하지만 이 두 발명가들은 많은 이들의 소지품이 바다 밑바닥에 가라앉는 원인이 되어버린 이 비극에 영감을 받았을 가능성이 있다.

이것을 염두에 두고, 이탈리아의 발명가들은 '콘크리트처럼 단단하지만 코르크처럼 가벼운' 물질로 만든 알약 모양의 커다란 구명 통을 만들었다. 따라서 물에 둥둥 뜰뿐만 아니라 누수를 막도록 밀폐된 문도 갖추어졌다. 메노티 난니는 이 발명품이 '강도와 방화를 완벽하게 막을 수 있을뿐더러 가라앉지 않는 기능'이 있다고 주장했다. 이 발명품을 구매한 소비자들은 손목에 걸 수 있는, 특별히 맞춤 제작된 열쇠를 받았다. 만약 승객이 물에 빠지면 손목에 걸린 열쇠가 그들의 신원을 확인할 수 있는 수단이 될 터였다.

이제부터가 정말 말도 안 되는 부분. 1915년 어느 맑은 날 뉴욕에서, 난니는 자신의 발명품을 시험해보기로 결심했다. 배터리 파크 Battery Park에 있는 항구에서 그는 친구의 도움을 받아 자신을 그 구명 통 속에 가두어 놓고 물속으로 풍덩 빠졌다. 그리고 그대로 가라앉았다. 하지만 그때, 긴장감이 주변을 가득 메운 뒤 얼마 지나지 않아, 난니의 구명 통이 서서히 의기양양하게 수면 위로 떠올랐다.

구경꾼들과 동료 연구자들이 뉴욕 배터리 파크의 항구에서
난니를 태운 보트 주위에 모였다.

사진에서 난니와 베르톨리니의 구명 통이 천천히 떠오르는 장면이 보인다.

그러자 배가 노를 저어 난니에게 다가갔다. 난니는 다 가진 표정으로 강철 통에서 나와 배에 올라탔다. 깃발을 흔들고 축하가 이어지는 가운데 이 사진이 찍혔다. 별다른 배경 설명 없이 이 사진을 보았다면 그가 작은 잠수함 속에 있는 것처럼 보일 것이다. 구명 통이 다 자란 어른에게도 꼭 맞는다는 사실을 보여준다. 사진은 위험천만한 임무를 성공적으로 완수하고 성조기와 이탈리아 국기를 흔들고 있는 난니와 친구들을 동시에 담았다.

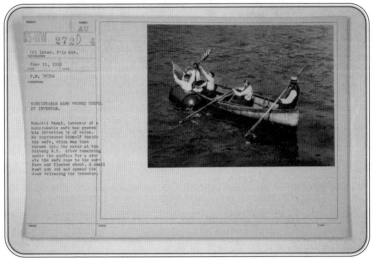

수면 위로 막 떠오른 난니의 모습.
그는 자신의 발명품이 성공적이라는 것을 입증했다.

잠시 그의 대담한 용기를 떠올려보자. 3톤이나 나가는 칠흑 같은 구명 통에 스스로를 가두고, 다시 올라올지 알지도 못한 채 3미터 아래 강물 속으로 뛰어드는 그의 모습을…… 정말 미친 발명가야!

미니 독서 기계

나는 열렬한 독서 애호가다. 커다란 책을 좋아하고, 거짓말을 못한다. 하지만 나의 독서 활동을 통틀어, 이 책의 글꼴이 좀 더 작았으면 좋겠다고 혼잣말을 한 적은 없었던 것 같다. 하지만 누군가는 이렇게 생각했나 보다!

1920년대 초반, 해군 소장이었던 브래들리 피스케는 피스크 독서 기계를 발명했다. 많은 이들이 이 발명품을 두고 출판계의 '차세대 대박 상품'이라고 예측했다. 이 휴대용 철제 기계에는 단 몇 장의 카드에 작은 글씨로 인쇄된 책 한 권이 통째로 들어갔다. 카드를 기계 안에 넣으면, 독자들은 기계를 눈 가까이에 대고 돋보기를 통해 책을 읽을 수 있다. 나야 생각만 해도 머리가 아프지만, 이 재미있는 발명품은 사실 장점도 꽤 있다.

☞ 작아서 가지고 다니기 쉽다.

☞ 책을 보관할 공간이 거의 필요 없다.

☞ 인쇄비용이 적게 들기 때문에, 출판업자들에게 단돈 4센트에 팔 수 있다(그러면 소비자도 저렴하게 살 수 있다!).

☞ 누구나 지식을 얻을 수 있다. 낮은 비용 덕분에 수입이 적은 사람들도 독서의 즐거움을 누릴 수 있다.

☞ 친환경적이다. 일반적인 책에 드는 종이에 비하면 새 발의 피다.

☞ 안경이 필요 없다!

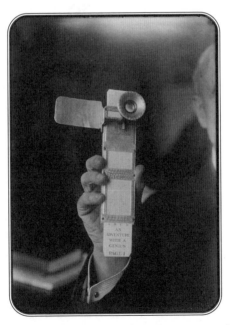

피스케가 마크 트웨인의 《순진한 관광객Innocents Abroad》 중
상권(上卷)을 보여주고 있다.

하지만 이렇게 많은 장점과 그 모든 관심에도 불구하고 대중적으로 상용화되지는 못했다. 그래도 이를 계기로, 오늘날에도 계속 쓰이고 있는 현미경 사진과 같은 마이크로미디어 판형에 일대 혁명이 일어났다. 미니 독서 기계의 원형은 필라델피아의 로젠바흐 박물관 및 도서관에서 지금도 볼 수 있다. 그리고 도서관이 나왔으니 말인데… 이 발명품의 혜택을 거의 다 경험해 보고 싶다면, 여러분이 사는 동네의 도서관이 딱이다!

화장실 끄트머리의 조명

한밤중에 자다가 일어나 화장실에 가는 일은 위험천만하다. 어딘가에서 튀어나와 있을지 모를 가구에 맨발을 찍힐 걱정이 한가득이고, 낮에 보았던 것보다 더 가까워 보이는 단단한 벽, 여기에 뚜껑이 열렸는지 닫혔는지 알 수 없지만 거대하게 입을 벌리고 있는 도자기 변기까지. 선택은 단 두 가지다. 짜릿한 시각적 고통을 감수하고 불을 켜던지, 아니면 위험한 어둠 속에서 비틀거리던지.

발명가 브룩 패티는 좀 더 겸손한 어조로 말했다. 여러분은 '화장실을 이용할 때 지나치게 어두운 조명이냐, 지나치게 밝은 조명이냐의 기로에서 불편한 선택을 해야 한다'고. 패티는 선택을 하는 일이 지긋지긋했는지도 모른다. 왜냐하면 1993년 화장실 착륙등에 관한 특허를 냈기 때문이다. 어디에서든 가득 찬 방광에 비치는 희망의 불빛. 한밤중의 등대. 이제 그만하자.

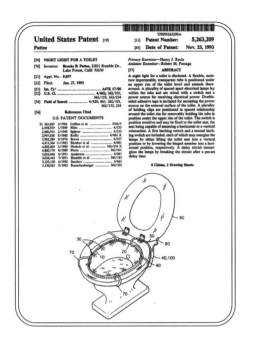

United States Patent [19]
Pattee

[11] Patent Number: 5,263,209
[45] Date of Patent: Nov. 23, 1993

[54] NIGHT LIGHT FOR A TOILET

[76] Inventor: Brooke B. Pattee, 23821 Rumble Dr.,
Lake Forest, Calif. 92630

[21] Appl. No.: 9,837

[22] Filed: Jan. 27, 1993

[51] Int. Cl.⁵ A47K 17/00
[52] U.S. Cl. 4/661; 362/101;
362/155; 362/234
[58] Field of Search 4/430, 661; 362/101,
362/155, 362/234

[56] References Cited
U.S. PATENT DOCUMENTS

Primary Examiner—Henry J. Recla
Assistant Examiner—Robert M. Fetsuga

[57]   ABSTRACT

A night light for a toilet is disclosed. A flexible, mois-
ture impermeable, transparent tube is positioned under
an upper rim of the toilet bowl and extends there-
around. A plurality of spaced apart electrical lamps lay
within the tube and are wired with a switch and a
power source for receiving electrical power. Double-
sided adhesive tape is included for mounting the power
source on the external surface of the toilet. A plurality
of holding clips are positioned in spaced relationship
around the toilet rim for removably holding the tube in
position under the upper rim of the toilet. The switch is
position sensitive and may be fixed to the toilet seat, the
seat being capable of assuming a horizontal or a vertical
orientation. A first latching switch and a second latch-
ing switch are included, each of which may energize the
lamps by either lifting the toilet seat into a vertical
position or by lowering the hinged member into a hori-
zontal position, respectively. A delay circuit deener-
gizes the lamps by breaking the circuit after a pre-set
delay time.

6 Claims, 2 Drawing Sheets

패티가 발명한 화장실 조명은 '유연하며, 방수 기능이 있다. 또한, 투명한 관이 변기의 상단 가장자리에서 바깥으로 걸쳐있는 형태'였다. 움직임 감지 기능이 있어 누군가 다가가면 변기에 불이 들어온다. 마치 야간 조명처럼······ 수년간 이와 비슷한 기능을 추구하는 특허가 여럿 있었지만 모두 실패했다. 패티의 말마따나 다른 특허들은 '설치하기 쉽고, 사용하기 쉬우며, 청소하기 쉬운' 기능이 부족했기 때문이었다. 패티의 특허는 이러한 요구 사항을 모두 충족했다.

하지만 패티의 발명품은 그다지 큰 재미를 보지 못했다. 그래도 이를 응용한 다른 상품들이 계속해서 시장에 나왔다. 마치 나이트클럽에 온 것처럼 화장실 변기를 알록달록 빛나게 해주는 것도 있었다. 이미 나는 이 제품으로 주문했다.

발명 냄새가 난다

　작가는 쓰기를 한다. 발명가는 발명을 하고. 그런데 이따금…발명가는 작가들이 쓴 내용을 발명할 때가 있다. 아니면 작가가…… 예측했던 것일지도.

　사실, 대부분의 대담한 발명 대다수가 바로 이야기에서 탄생했다. 꾸며낸 이야기는 세상을 놀라게 하고, 즐겁게 하고, 그리고 때로는 경고를 주기 위해 만들어졌다. 《1984》와 《멋진 신세계》, 또는 《블레이드 러너》를 생각해보라. 복제 기술과 인공 지능, 그리고 시험관 아기와 같은 과학적 진보 대다수가 소설 속에서 처음 나왔고, 후에 발명가의 손을 통해 세상에 등장했다. 삶은 예술을 모방한다. 조금 더 정확히 말하자면 삶은 예술에서 영감을 받는다.

이걸 언급하는 이유는 내가 가장 좋아하는 소설 중 하나에서 영감을 받았다고 믿는 발명품이 있기 때문이다. 디스토피아를 그린 소설인 올더스 헉슬리의 《멋진 신세계》에서 두 주인공은 '필리(feely)'를 보러 데이트를 나간다. 필리는 일종의 촉감 영화인데, 주인공이 느끼고, 냄새를 맡고, 맛보는 감각을 관객도 함께 공유할 수 있다. 도시의 냄새, 얼굴에 불어오는 바람, 심지어 성적인 접촉까지. 이 소설은 1932년에 출판되었다.

소설이 나오고 30년이 채 지나지 않았던 1960년, 한스 로베라는 발명가와 영화감독이었던 마이크 토드가 스멜 오 비전Smell-O-Vision이라는 장치를 발명했다. 영화가 상영되는 동안 특정 시간에 향을 퍼뜨리는 기계인데, 관객들은 이를 통해 영화에서 실제 나오는 냄새를 맡을 수 있었다. 제일 끝내주는 점이라면 향이 이야기의 줄거리와 딱 들어맞는 것이었다. 발명가들은 이 기계가 일대 혁명을 일으킬 거라며 잔뜩 희망에 부풀었다.

안타깝게도, 스멜 오 비전은 1960년 〈신비의 향기Scent of Mystery〉라는 영화에서 처음이자 유일하게 쓰였다. 영화는 1947년 켈리 루스가 쓴 《유령이 나타났다Ghost of a Chance》라는 책을 원작으로 한 살인 미스터리였다. 2시간여 상영되는 동안, 배경 음악이 나올 때마다 서른 종류의 각기 다른 향이 극장에 퍼져나갔다. 냄새 덕분에 관객들은 줄거리가 어떻게 전개될지 알아차렸고, 또는 그냥 통속에 들어있는 포도주가 흘러나오면 냄새가 어떠할지 경험하기도 했다. 통이 엎어지면, 포도 향이 뿜어 나온다. 어떤 장면에서는 관에서 퍼져 나오는 연기 냄새가 나서 관객들은 이를 통해 누가 악당인지 맞힐 수 있었다.

초창기 실험에서는 기대한 만큼 효과가 나지 않았다. 주요 이유는 기술상 어려움 때문이었다. 엉뚱한 시간에 냄새가 나오는가 하면, 냄새가 너무 약해 느끼지 못하거나 반대로 너무 강할 때도 있었다. 필름은 너무 빨리 지나갔다. 하지만 여러분도 인정해야 한다. 스멜 오비전이 주는 경험은 장래성이 충분하다는 사실을. 계획대로 냄새의 신바람을 일으키지는 못했지만 말이다.

깊은 바닷속으로 개 산책을

여러분의 가장 좋은 친구 개와 함께 어디든지 (저 깊은 바닷속이라도) 산책하기를 바랐다면, 그 생각을 한 사람은 여러분만이 아니다. 플로리다 출신의 드웨인 폴섬은 자신의 털북숭이 여자 친구인 섀도우를 어디에든 데리고 다녔다. 하지만 물속에 데리고 갈 때마다 꽤 곤란한 상황이 연출되었다. 그가 다이빙을 하면 섀도우도 보트에서 뛰어내려 주인이 만드는 거품을 졸졸 따라다녔기 때문이다. 줄 맞추어 왈왈. 그는 섀도우와 함께 물속에 들어갈 수 없다는 사실이 싫은 나머지, 해결책을 찾았다.

1997년 그는 '개들을 위한 스쿠버 다이빙 장비'라는 이름을 달고 특허 신청을 냈다. 사람들이 쓰는 스쿠버 다이빙 조절 장치를 섀도우에 맞게 고치고 우주인이 쓰는 것처럼 구체 모양의 헬멧을 머리에 씌웠다. 헬멧 입구에는 방수 물질로 안을 덧대어 물이 들어가지 않도록 밀봉했다. 또한 폴섬은 내부 통화 장치를 달아서 섀도우와 통신을 할 수 있도록 했다.

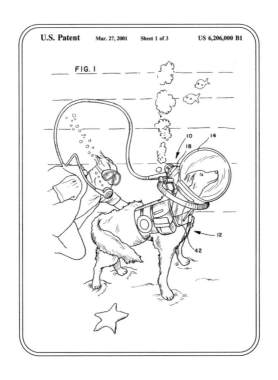

처음에 특허를 출원한 이후 장치를 몇 번 수정하기는 했지만, 그 후로 섀도우는 최소 서른 번 이상 다이빙을 한 개로 기록이 되었다. 하지만 내가 지금 이 글을 쓰고 있는 시점에서는 다이빙을 더 많이 했을 가능성이 높다. 정말이지 천재 발명가에 모험심 강한 개가 아닐 수 없다!

수족관 시계

시계로 몇 시인지 확인하는 일이 그렇게 지루할 줄 누가 알았을까? 2002년 해럴드 본 브론헛이 특허를 낸 수족관 시계로 이 일상적인 일에 재미를 더해보자. 이 발명품은 정확히 말하자면 시계에 달린 아주 작은 수족관이라 할 수 있다. 시계를 차면 시간을 보는 동시에 여러분 손목 주위로 떠돌아다니는 작은 수족관 생물들을 관찰할 수 있다.

본 브론헛이 이 발명품을 만든 이유는 순전히 재미를 위해서였다. 집에 수족관을 설치해서 물고기를 잔뜩 넣으면 무척 근사한 일이겠지만, 학교에 있거나 집 밖에 나가 있으면 볼 수 없다, 그렇지 않은가? 따라서 따분하고 수족관과는 거리가 먼 손목시계를 쳐다보며 집에 가서 물고기와 놀기까지 몇 시간이 남았는지 발을 동동거리며 시간을 재느니…… 어디를 가든 수족관을 가지고 다니는 것은 어떨까? 본 브론헛은 이렇게 말했다.

> *"따라서 말하자면, 물고기 애호가들과 같은 이들이*
> *수족관 친구들을 '24시간 내내' 즐길 수 있는 수단이 필요하다."*

골프공보다도 작은 반구 안에 어떻게 그리 작은 생명체를 넣을 수 있을까? 해양 생물 키트에는 그가 발명한 또 다른 상품 중 하나로, 어메이징 씨몽키Amazing Sea Monkey라 불리는 작은 변종 새우가 제공된다. 여기에는 개미 크기만 한 알이 들어 있는데 물에 닿으면 곧바로 부화한다. 수족관은 붙였다 떼었다 할 수 있고, 해양 생물을 추가하고 먹

이를 주거나 환경을 조절할 수 있도록 플러그도 딸려 있다. 그러니까
일반적인 수족관과 같다고 보면 된다.

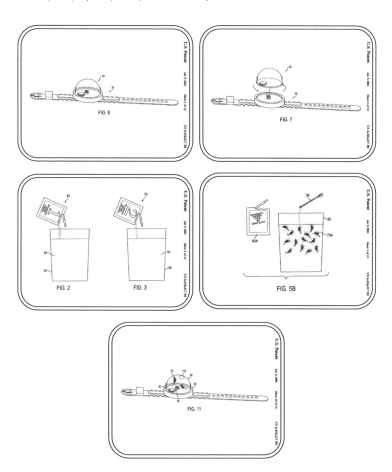

뱀 목걸이

모든 생명체는 자신이 사는 동네를 산책하며 다닌다. 뱀은 내가
선호하는 동물은 아니지만. 어쨌든 출생증명서에 이름이 네 개 등록

된 사람은 상상력이 어느 정도 있다고 생각하는데, 실지로 도널드 로버트 마틴 보이즈가 이 경우에 딱이었다. 2002년 보이즈는 반려용 뱀과 함께 산책을 다닐 목적으로, 뱀에게 딱 맞는 목걸이와 목줄을 만들었다. 아, 산책이 아니고 스르르 기어 다니는 건가.

보이즈는 자신이 키우는 뱀이 도망갈 것이 우려되어 산책을 할 수 없다는 주인들의 안타까운 사연을 접했다. 그래서 대부분의 반려용 뱀 주인들은 자연광을 마음껏 받으며 밖에 나갈 일이 별로 없을 가능성이 높았다. 자연광을 받아야 뱀의 가죽과 건강에 전체적으로 도움이 되는데 말이다. 그래서 그는 이 부분에 초점을 맞추어 발명품을 만들었다.

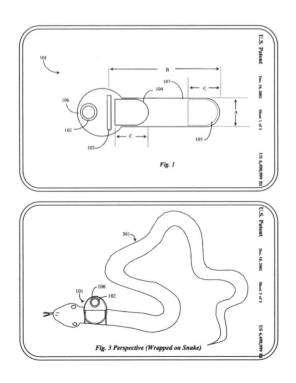

Fig. 1

Fig. 3 Perspective (Wrapped on Snake)

목걸이를 뱀의 '목' 부근에 감고 벨크로 천으로 고정한다. 주요 판매 전략은 뱀에 맞추어 조절이 가능하다는 점이었다. 누가 보아도 뱀에게는 일반적인 목걸이를 제자리에 고정할 수 있는 부분이 없다. 또한 성장 상태나 먹이에 따라, 그리고 무엇보다도 뱀이기 때문에 모양을 시도 때도 없이 바꾼다. 보이즈는 목줄을 고정시킨 상태에서도 뱀이 자유롭게 움직일 수 있도록 고안했다.

목줄은 거리를 유지할 수 있도록 사실상 막대 모양으로 만들었고, 주인이 조종할 수 있도록 했다. 보이즈는 이것을 '뱀 막대'라 불렀다. 끄트머리에는 목걸이에 걸 수 있는 고리가 달려있다. 뱀 목걸이를 고정시키기 전후에 달면 된다. 그러고 나서 스르륵 스르륵!

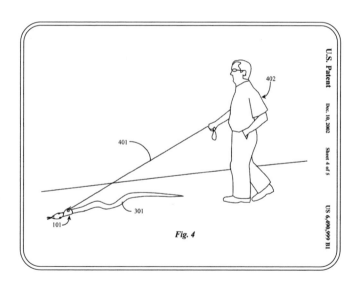

Fig. 4

자동차용 홍수 방지 가방

허리케인이 불어 닥치면 끝도 없는 폭우에 도시는 강물처럼 불어나기 십상이다. 여러분이 아직 직접 겪어보지 않았다 해도, 뉴스로 접한 적은 있을 것이다. 건물 사이로 물이 넘쳐흐르고, 자동차가 지붕만 내놓고 둥둥 떠다니는 가운데 사람들은 보트를 타고 떠돌아다닌다.

안타깝게도 이러한 상황이 생길 때 우리의 자동차 대다수는 완전히 폐차 처리될 수밖에 없다. 물이 새지 않는다 해도 엔진 속으로 들어간 진흙 때문에 차가 완전히 망가져 버리기 쉬워진다.

뉴올리언스에 사는 대니얼 배틀은 차를 구출할 방법을 발명했다. 1980년 그는 '교통수단용 홍수 방지 컨테이너'로 특허를 출원했다. 기본적으로 자동차를 안에 넣을 수 있는 커다란 비닐봉지다. 단순하지만 효과 만점이라고!

가방을 열면 차를 어디에 대야 하는지 알려주는 선이 명확하게 보인다. 주차장에 있는 선과 같다고 보면 된다. 그 다음 차에서 나와 가방 옆에 달린 끈을 잡아당겨 밀봉한다. 끈 덕분에 아주 적은 양의 공기도 밖으로 빠져나갈 수 있는데, 가방에 공기가 차지 않도록 막아주는 역할을 한다. 그리고 차는 해넘이를 보며 여유롭게 둥둥 떠 있을 것이다.

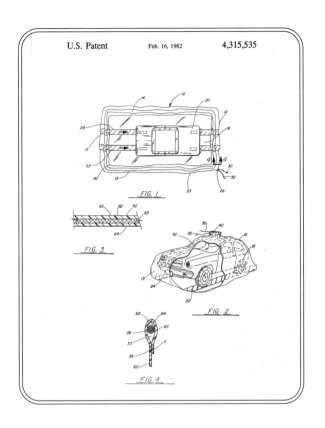

FIG. 1

FIG. 3

FIG. 2

FIG. 4

초기 자동차 햇빛가리개

초기 형태의 자동차 햇빛가리개가 발명되었을 때, 자동차는 그리 흔한 물건이 아니었다. 초기 햇빛가리개는 원래 마차용으로 개발되었다. 루체가 1889년 특허를 낸 이 기구는 천이나 가죽으로 덮었고, '자동차'의 덮개에 죔쇠로 고정을 했다. 아래 그림을 보면 여자가 마차를 운전하고 있는데 '햇빛가리개'의 도움을 받아 햇빛이 비치지 않도록 하고 있다. 오늘 날의 가리개처럼 쉽게 접을 수 있으며 필요 없을 때에는 숨길 수도 있다. 가리개에 거울이 달려 있다면 여자는 자신의 얼굴을 바라보며 당연히 미소를 지을 것이다.

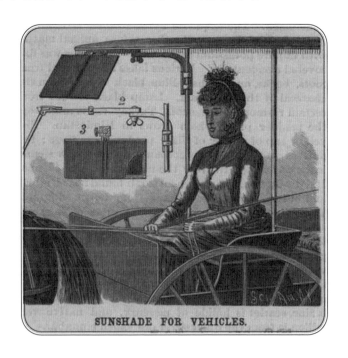

SUNSHADE FOR VEHICLES.

키스 보호막

이 물건은 내가 지금까지 만난 발명품 중 가장 기괴하다. 바로 키스 보호막인데, 일종의 키스용 콘돔이다. 여러분에게 상상력을 발휘할 시간을 잠시 주겠다.

키스 보호막은 1998년, 키스는 무척 하고 싶지만 (많은 사람들이 그럴 거라 생각한다) 세균과 혹시 모를 전염병을 피하고 싶은 이들을 위해 발명되었다. 또한 '아기들에게 입을 맞추는 정치가(들)'을 위한 맞춤 발명품이기도 하다. 아직도 그런단 말이야?

설명서를 읽으며 소름끼치지 않기를. 기다란 손잡이가 달리고 교회에서 쓰는 부채처럼 생겼지만, 부채 부분이 하트 모양이다. '얇고 유연한 막'으로 만들어졌단다. 하트 아래쪽을 턱 위에 올리면, 하트 양쪽으로 올라간 부분이 볼을 덮게 된다. "그리고 나서 당사자는 자신의 입술, 또는 키스를 나눌 상대의 볼 사이에 키스 보호막을 놓고 애정을 나눌 상대방과 키스를 한다." 그러면 여러분과 애정 행위를 한 당사자는 키스 콘돔 덕분에 어떠한 불상사도 당하지 않을 것이다.

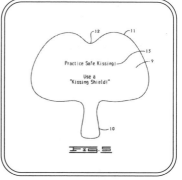

고통과 죽음은
아름다움

"오늘날에는 여성이 병이 나지 않는 한, 나이를 먹는 데에 어떤 변명의 여지도 없다. 지금처럼 현대적이고 놀라운 세상과 발을 맞추고 싶다면 생각과 느낌, 그리고 외모를 반드시 젊게 유지해야 한다⋯⋯. 그리고 그저 손을 뻗어 현대 과학이 당신을 위해 마련해둔 아름다움의 마법만 받으면 된다."

- 릴리 다셰, 글래머북, 1956년

위험한 패션의 역사

당신네 남자들이 이 장을 피하기 전에 – 그렇게 쉽게 빠져나갈 수 없을 텐데. 남자들은 전 세대에 걸쳐 자기들 나름대로의 희한한 유행을 누려 왔다. 끄트머리가 몇십 센티미터나 나가는 신발부터 콧수염 모양까지⋯⋯ 이상함과 독창성은 성별의 경계가 없다.

이 장의 처음에 소개된 제명에서 릴리 다셰는 용감하면서도 (이렇게 써도 괜찮다면) 영원히 젊고 아름답게 사는 데에 다소 정신 나간 의견을 내놓았다. 현대를 살아가는 우리의 관점에 비추어볼 때 터무니없는 말이지만, 나도 감히 말하건대 이 의견은 지금도 생생히 살아있다.

뭐 차이라면⋯지금은 대놓고 말하지 않는다는 것이다. 말할 필요가 없다. 세상에는 젊음과 완벽을 약속하는 수천 개의 상품들, 한 사람의 외모를 완전히 탈바꿈해주는 성형 수술과 화장법, 그리고 이상적인 외모와 유행에 영향을 주는 전략적 소셜미디어 게시물이 수천 개씩 쏟아져 나오니까. 그러니까…… 릴리의 철학은 우리 세상에 여전히 살아 숨 쉬고 있다는 말이다.

노인 비하와 몸매를 조롱하는 행위, 이상적인 외모상에 대항하는 비평가들이 열띠게 밀려들어오고는 있지만, 한편으로는 외모를 유지해야 한다는 악독한 압력이 넘쳐나면서 관련 산업과 문화가 붐을 이루고 있다. 그리고 새로운 발명품과 유행이 끝을 모르고 나오고 있는데, 나와 많은 이들이 차라리 우리 존재 자체를 빨리 잊기를 바란다.

하지만 이 장에서 우리는 현재의 압박과 패션을 무시해도 된다. 그리고 대신 과거의 가장 이상한 패션을 탐험해 볼 계획이다. 이렇게 해서 우리 조상들의 경험담을 살펴보고 균형 잡힌 시각을 얻길 바란다. 이번에 소개하는 유행들은 다행히 과거의 일이 되었지만, 독자 여러분의 눈에 보이는 것을 어떻게 생각하는지 탐구해 보면 재미있을 것이다.

가엾은 우리의 선임들을 보며 미소가 지어지고 고개를 절레절레 흔들게 되는가? 어이없다며
비웃을 텐가? 아마도 지금부터 많은 세월이 흐른 후, 미래의 사람들도 우리를 보며 참 희한한 게 유행이었다고 말할지 모른다!

입술 미인

안젤리나 졸리. 스칼렛 요한슨, 라나 델 레이. 현대를 대표하는 여기 미인들 모두 도톰하고 풍성한 입술로 오랫동안 찬사를 받았다. 이러한 외모는 항상 인기가 있었지만, 특히 1800년대 중반에는 입술이 '벌에 쏘인 듯한' 외모가 여성들에게 선풍적인 인기를 끌었다. 결과적으로 이러한 외모를 얻기 위해 온갖 방법이 튀어 나왔다.

가장 접근하기 쉬운 방법으로는 입술 체조가 있었다. 하루 종일 알파벳 p로 시작하는 단어를 반복하며 입술을 튼튼하게 만드는 것이다. 가장 많이 불리던 단어 모음은 'peas, prunes, and prisms'이었고 여기에 가끔 'potatoes'와 'paper,' 'papa' 등을 섞어 부르곤 했다. 많은 젊은 여성들은 'prism'이라는 단어를 내뱉고 방에 들어간다고 했다.

미의 진화를 다룬 전설적인 책,《아메리칸 뷰티American Beauty》의 저자 루이스 배너가 말하길 당시 사진가들은 사진을 찍을 때 '치즈'라는 말은 꺼내지도 말고 대신 p로 시작하는 단어를 말하라고 단호히 일렀다고 한다. 또한 엘리자베스 케이디 스탠턴(미국의 여성 작가이자 활동가-옮긴이)이 '얼굴에 prunes과 prisms라고 표현하는 여성에게는 페미니즘 문학 서적을 주려하지 않았다'는 일화도 흥미롭다. 두툼한 입술을 원하는 이들을 반(反) 페미니스트로 만들려는 의도는 아니었지만, 그녀가 어떤 독자들을 원하는지를 알고 있었다고 추측할 수 있다.

장밋빛의 건강한 입술은 우리 인간에게 언제나 매력적인 요소로 여겨졌다. 세대를 거듭할수록 이러한 외모를 얻기 위해 탄생한 교묘한 수법(현대인의 눈, 아니 입에는 기이한)을 우리는 수없이도 많이 보아 왔다. 식물부터 석고, 동물의 지방, 아님 그보다 더 이상한 재료까지. 우리는 왜 그런 짓을 그토록 원하는지 완전히 알 수는 없을지 몰라도, 아름다움의 기준이 우리의 마음속에 각인되고 있다는 사실은 부인할 수 없다.

1900년대에 마리 몽테뉴라는 여성은 《아름다워지는 법How to be Beautiful》이라는 책을 썼는데, '입을 아름답게 하기'라는 장에서 입이란 자고로 여성의 특징을 표현하는 중요한 요소라고 주장했다. 그러면서 이렇게 기술했다. "……아름다운 입술은 움직임이 자유로우며 유연하다. 입술의 윤곽이 어떻게 생겼든, 굳게 고정된 입술은 절대 매력적으로 보일 수 없다." 그러고 나서 마리는 완벽한 입술을 갖기 위한 다양한 방법을 소개했다. 부정적인 감정이 들 때 입꼬리를 꼭 위로 올리기부터, 볼을 꼬집고 웃기까지. 하지만 "계속해서 입술을 꼬집고 볼에 주름을 만들면 안 된다"고 했다. 어림도 없지!

이제는 이러한 노고는 마다하고 우리의 입술을 예쁘게 만들 다른 전략을 만들었다. 이를테면 입술에 필러를 맞는다든지, 립글로스로 입을 통통하게 만들고 성형 수술을 받는 등 말이다. 하지만 효과가 영구적으로 지속되는 방법을 고려한다면…… 그래 바로 그거! 립서 사이즈Lipcersize는 가격도 저렴한데 위험 부담도 덜한 대체 방법이다.

덜 위험한 방법 중 하나로, 1924년 헤이즐 몬테알레그리라는 여성은 성형 수술을 하지 않고도 작은 윗입술을 예쁘게 만들어줄 도구를 발명했다. 그 당시에 할리우드에서는 '큐피드의 화살' 모양으로 만드는 것이 인기가 많았는데, 그녀가 발명한 장치가 바로 '윗입술을 새로 만들어 주는'데 도움을 주는 도구였다. 장치는 윗입술에 원하는 모양의 입술 모양의 홈을 끼우고 잠시 그대로 두면, 그 사이에 아랫입술도 바깥쪽으로 끼워서 입술을 더욱 통통하게 튀어 나오게 만드는 원리였다. 나는 그냥 prism하고 prune을 되뇌는 게 낫겠다.

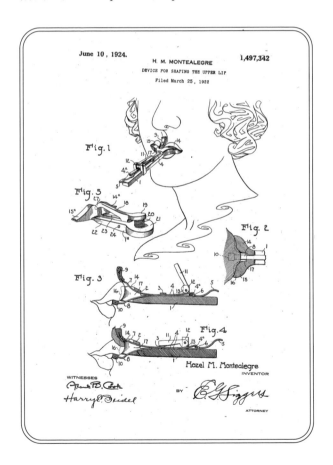

무엇을 위해 염색을 하나

게이샤가 술집 안으로 걸어온다. 크레스트 치약 회사의 여직원이 바에 앉아 맥주 한 잔을 마시며 기나긴 하루를 달랜다. 게이샤가 의자 두 개를 사이에 두고 앉자, 두 사람은 서로를 쳐다본다. 그리고 미소를 짓는다. 두 사람은 충격을 받고 서로를 멍하니 바라본다.

게이샤의 치아는 칠흑 같이 검디검다.

크레스트 직원의 치아는 눈이 부실 정도로 너무나 하얗다.

두 사람의 미소가 잦아든다. 혼란스러운 표정으로 서로를 쳐다본다.

게이샤는 딱하다는 표정으로 크레스트 직원을 바라본다. 직원에게 무슨 일이 생긴 것 같으니, 사악한 기운을 쫓아내도록 도와주어야겠다고 여긴다. 게이샤는 자신의 주머니로 손을 뻗는다.

크레스트 직원은 게이샤를 안타까운 눈길로 쳐다본다. 아무래도 게이샤는 치약에 대해 들어본 적이 없는 것 같다. 크레스트 여성은 자신의 주머니로 손을 뻗는다.

게이샤는 치아를 검게 염색하는 병을 꺼낸다. 크레스트 직원은 크레스트 미백 치약 한 통을 꺼낸다.

치아를 검게 칠한 젊은 게이샤. 깜깜한 밤보다도 검다.

'술집에 들어가는 사람'을 농담으로 어떻게 표현해야 좋을지 정말 모르겠다. 위에 나온 가상의 게이샤는 예부터 전해져 내려온 풍습인 오하구로ohaguro, 즉 치아를 검게 칠해 놓았다. 요즘에는 잘 하지 않는다.

이 풍습은 보통 일본과 관련된 것으로 흔히들 생각하지만, 베트남과 중국, 그리고 남아메리카와 태평양 군도 등 세계 다른 지역에서도 행해졌다. 이런 풍습이 언제 시작되었는지 정확히는 알 수 없지만, 일본에서는 선사 시대 때부터, 다른 나라에서는 진나라와 한나라(기원전 206년에서 기원후 220년까지)부터 있었던 것으로 기록되었다.

치아에 색칠을 하는 풍습을 하는 주요 인구층은 시대와 지역에 따라 나뉘지만, 주로 부유한 여성들 사이에서 유행했다. 이 풍습은 '성인식'과 관련이 있었는데, 결혼 적령기에 들어선 여성들이 미래의 신랑감에게 매력적으로 보이기 위해 이를 칠했기 때문이었다. 이러한 풍습이 성행하던 문화에서는 색칠을 한 치아가 진정한 여성미의 상징이라고 믿었다. 그리고 젊은 여성으로서, 누가 아름답다고 떠받드는 것을 마다하겠는가?

까맣게 이를 칠한 베트남 북부지역의 여성.
피에르 뒤르필 사진

염색하고 더러워지기

리사 엘드리지는 그녀의 기념비적인 메이크업 저서, 《페이스 페인트Face Paint》에서 이 전통에 몇 가지 '왜(이유)'가 있다고 귀띔했다. 베트남에서는 치아를 검게 칠하면 악령을 물리친다고 믿었는데, "하얀 이가 저승의 생명체와 미개인, 야생 동물의 소유물이며 검은 치아가 이들과 함께하는 악령을 막아준다는 믿음이 오래 전부터 뿌리내렸다." 또한 여기에는 현실적인 이유가 몇 가지 더 있다.

이러한 관습이 유행하던 절정기에는 애석하게도 현대적인 치과도 없었을 뿐더러, 누렇게 변색된 이에 사용할 크레스트 미백치약도 없었다. 따라서 게이샤가 피부를 하얗게 칠할 때 이와 대비되는 누런 이는 매력적이지 않았다. 그래서 아예 검게 칠하는 쪽을 택한 것이다.

치아를 염색할 때 사용한 염료를 카네미주kanemizu라 부르는데, 희한하게도 치아가 부식되는 것을 막는데 효과가 있었다. 카네미주는 식초에 녹인 철분에 오배자(옻나무과로 염색 염료로 쓰임-옮긴이), 유황, 여기에 물감 혼합물과 테레빈유, 밀랍 등 다른 첨가물을 섞어서 만들었다. 매일 먹기에 적합한 맛 조합은 아니다. 어떤 자료에서는 검게 변색된 이가 빈랑나무 열매를 씹어서 생긴 결과라고 주장하지만, 이는 정확하다고 볼 수 없다. 빈랑나무 열매는 이가 녹은 것처럼 변색시키지 아예 검게 만들어 버리지는 않기 때문이다.

이러한 행위는 미백 치약을 바르고 5분 기다리기만큼 간단하지는 않았다. 당연히 지속적으로 유지해야 했다. 치아를 염색하는 빈도는 하루에 한 번부터 며칠에 한 번까지 다양했는데, 염료가 입속으로 들어가 흐릿해졌기 때문이다. 그렇다고 염료가 완전히 없어지지는 않

이를 검게 칠하는 여인을 표현한 목판화
(그리고 자신의 모습을 보고 충격 받지 않았을까)

았다고 장담한다. 에도 시대 유골 중에서 여전히 새까만 치아가 발굴되었기 때문이다.

이를 하얗게 만들기 위해 아낌없이 돈을 쓰는 서구 시각에서 이러한 관습은 당황스러우면서도 이상해 보일 수 있다. 그러나 이러한 관습이 많은 문화권에서는 중요한 부분을 차지한다는 사실을 염두에 두자. 그리고 내가 확신을 가지고 말할 수 있는 사실은 서구의 관습

역시 딱히 논리적이지는 않다는 것이다.

　베트남으로 여행을 간다면, 어떤 지역에서 이 관습이 여전히 존재한다는 것을 알게 된다. 그러나 19세기 후반에 이르러 대부분 지역에서 점차 희미하게 사라졌다. 일본에서는 1870년 공식적으로 금지되었다. 이 풍습을 직접 보고 싶은데 베트남에 갈 수 없다면, 정신 바짝 차리고 눈을 부릅 떠보기를 권한다. 그 이유는 어쩌다가 치아를 검게 칠한 게이샤가…… 바로 걸어 들어가는 모습을 볼지 모르니까 말이다.

나무로 만든 수영복

　내 생각에는 여성들 모두 이 유행이 오래 지속되지 않았다는 데에 수영복의 신에게 조용히 감사 기도를 올려도 된다. 1929년, 나무로 만든 수영복이 대유행을 했었다. 물에 뜨는 나무의 특성 덕분에 나무 수영복을 입으면 더 쉽게 헤엄칠 수 있다고 믿었기 때문이다. 이 수영복은 워싱턴 호퀴엄에 있는 그레이 하버 럼버사(社)가 제작했는데, 수영하기를 가장 꺼리는 사람들도 바로 물에 뛰어들 수 있을 정도로 자신감이 충만하기를 바라는 마음에 만들었다. 그레이 하버는 목재 회사에서 꽤 많은 이익을 거둬들이는 것으로 이미 이름이 났는데, 어떤 이유에서인지 생산 라인으로 수영복을 만드는 것이 차기의 '타당한' 단계가 되었다.

수영복은 가문비나무로 만들어서 사진에 나온 여성들은 '가문비나무 걸스(스파이스 걸스랑 비슷하다는 거 안다)'라 불렸다. 수영복은 모래시계 같은 디자인이었는데, 유연한 성질의 널빤지를 허리에 단단히 묶어서 만들었다.

패션 신상품을 홍보하는 가문비나무 걸스

마치 최고 인기를 구가하는 걸그룹 같지 않은가? '워너비Wannabe'를 지금이라도 당장 부를 것 같다. 여기에 나온 사진은 그레이사가 대대적인 홍보를 하던 날 찍은 것으로, 여성들은 사진을 찍기 위해 포즈를 취했고, 제품에 대해 영상 인터뷰를 진행했으며 햇살과 바다를 만끽했다. 어떤 영상에서는 디자이너가 등장하는데 그룹 중 각기 다른 멤버들이 각자 다른 스타일의 수영복을 입어 다채로운 면을 보여주기도 했다.

〈빈티지 뉴스Vintage News〉에서 나무 수영복에 대해 다음과 같이 설명했다.

"간편하면서도 저렴하며, 만들기 쉽지만 세련되었고 현대적이다. 여기에 더불어 DIY(Do It Yourself: 소비자가 직접 만드는 방식)로 재활용하여 새로운 제품을 만들 수 있다고 홍보했다. 어떤 홍보 영상에서는 한 소녀가 등장하는데, 아버지가 집을 완공하고 나서 베니어판이 남았다고 말한다. 소녀는 그 베니어판으로 자신만의 수영복을 만든다." 창의력 대장이네!

세 명의 가문비나무 걸스(아무리 말해도 질리지 않아)가
우산과 발 모양의 나무를 들고 서있다.

바로 그거다. DIY 공예의 원조가 바로 나무 수영복이라는 것! 이런 종류의 수영복이 진짜 물에 둥둥 뜨게 해주는 효과가 있는지는 결코 알 길이 없겠지만, 그렇다고 얻을 게 전혀 없다고는 생각하지 않는다. 내가 이 사진을 보았을 때 가장 먼저 떠오르던 생각은? 파편이 있으면 안 되는 곳에 파편이 있군.

오줌, 똥, 독, 아이고!

맑고 보드라운 피부는 이브가 물웅덩이를 처음 거울삼아 보았을 때부터 미의 기준이 되었다. 좋은 안색은 유행에서 벗어난 적이 결코 없으며, 그것이 패션이라기보다는 영원한 미의 기준이라고 주장하고 싶다.

고대 시대로 거슬러 올라가 여드름, 누렇게 뜬 피부, 상처 등 피부의 결함은 최악의 불운과도 같았다. 음, 오늘 날 고등학생들에게도 여전히 주요 관심사이기는 하다. 엘리너 허먼은 자신의 성장 기록서 《독의 장엄한 예술The Royal Art of Poison》에서 "……안색은 단순히 미의 문제가 아니다. 어떤 종류의 잡티라도 죄를 지어 신을 불쾌하게 만들었다는 증거가 되며, 더 심하게 말하자면 내면에 정신이상이 있다는 말이었다."

하늘의 분노를 살까 두려워하는 마음은 우리의 믿음을 강화시키는 원동력이다(그 부분은 뒤에 가서 보자). 이러한 불완전함에 대한 공포는 화장품 발명가들과 일반 여성들이 민망한 조치를 취하게 만들었다. 간단하게 말해서, 독과 그러니까…… 비위생적인 재료들 말이다.

엘리자베스 1세는 스물아홉 살에 천연두를 앓았는데, 그 후에도 온몸에 구덩이 같은 흉터가 남고 말았다. 흉터를 지우기 위해 이탈리아에서 '토성의 정령'이라 부르는 베네치아 분(粉)을 들여와 피부에 발랐다. 분은 달걀흰자와 식초, 납을 섞어 만들었고 여기에 비소가 들어갈 때도 있었다.

이 반죽을 바르면 단기적으로는 구멍을 메꿀 수 있고 피부를 반짝이는 흰색으로 보이게 할 수 있다. 하지만 장기적으로는 탈모로 이어지고, 근육이 마비되는 등 여러 문제를 일으키는 원인이 되었는데, 모르긴 해도 수명을 몇 년은 깎아버렸을 것이다. 게다가 독성분이 피부를 이전보다 훨씬 갉아 먹은 바람에 여왕은 더더욱 치덕치덕 발라야 했다. 지속되는 악순환으로 결국 온몸이 중독되어도 끊지를 못하는 상황이 되어버린 것이다.

창백함은 새로운 분홍색

납과 비소는 전 역사를 통틀어 화장 재료로 가장 인기가 높았다. 지금까지도 미국 정부는 화장품에 쓰이는 납의 양을 규제하지 않고 있다. 헉. 다행히 비소는 세상 어느 상품에도 거의 들어가지 않는다. 하지만 전성기에는 비소가 많이 들어있던 상품을 시장에서 버젓이 팔았다. 주근깨부터 여드름, 두통, 류머티즘, 여기에 무기력까지 고쳐 준다고 약속을 하면서 말이다!

1890년대 초반, 단 1달러만 있으면 제임스 캠벨 박사의 '아세닉 콤플렉스 웨이퍼(Arsenic Complexion Wafers, 비소 함유 안색 개선 조각)'를 한 상자 살 수 있었다. 여기에는 조각이 120개 들어 있었다. 얼마 지나지 않은 1911년, 세인트루이스에 살던 힐드가드 월튼이라는 소녀의 이야기가 언론에 보도되었다. 소녀는 여드름을 없애고 싶은 마음이 간절해서 웨이퍼를 몇 박스나 먹었다고 했다. 결말이 나오니 주의하길……. 얼마 되지 않아 소녀는 죽고 말았다.

우리는 선조들이 이렇게 무턱대고 비소를 썼다며 고개를 절레절레 흔들 테지만, 당시에는 대다수가 그렇게 나쁘다고 생각하지 않았다. 게다가 비소를 사용한 사람들은 그래도 위험을 감수할 가치가 있다고 생각했다. 그렇게 믿은 덕분에 결과도 어느 정도 있었다. 그러나 엘리자베스 여왕의 경우와 같이 단기적 효과에 불과했다.

많은 이들이 여드름을 없애는 목적뿐만 아니라 단순히 안색을 창백한 도자기처럼 보이기 위해 비소를 사용했다. 과연, 원하던 효과를 얻었다! 비소는 적혈구 생산을 심각하게 저해하여 얼굴이 극도로 창백해 보이도록 만들었다……. 적혈구 감소로 빈혈이 일어났기 때문이었다.

1896년 발간된 〈코스모폴리탄Cosmopolitan〉 잡지에 나온 광고에서는 "말로 형언할 수 없는 찬란한 안색을 선사할뿐더러, 모든 젊은 여성들을 사랑스럽게 만들어줄 것"을 약속하며 비소를 진짜 두껍게 칠하는 모습을 보여준다. 따라서 비소는 성격 자체까지 탈바꿈해줄 수

뜨거운 논쟁을 일으킨 그림. 존 싱어 사전트가 그린 마담X는
시체 같은 피부를 한 여성을 감각적으로 묘사했다.

있다. 틀린 말은 아니다. 하지만 그다지 사랑스러운 방법은 아닐 것
이다. 장기적으로 사용하면 심각한 감정의 기복을 일으켰다.

광고에서 모델에 대해 이야기하는 데 과거형을 쓴다니 참 흥미롭다.

제임스 캠벨 박사의 아세닉 콤플렉스 웨이퍼 포장지에는 다음과 같은 문구가 쓰여 있다. 완벽한 안전을 보장. 무엇보다도 의사는 신뢰할 수 있는 존재니까, 그렇지 않은가?

독극물이 빚은 영광이 전부인 오리지널 제품.

아름다움의 얼굴

비소는 수상쩍은 친구들이 많다. 피부 치료제에서 찾아볼 수 있는 다른 흥미로운 재료로는 인간이나 동물의 오줌, 똥, 지방, 장기, 피 – 계속 해야 하나? – 등이 있다.

〈로열 아트 오브 포이즌〉에서 허벌은 다음과 같이 폭로했다.

"어떤 여성들은 테레빈유와 밀랍, 인간의 지방을 섞어서 천연두로 패인 자국을 채웠다. 인간의 지방을 어디에서 구할까? 지역 약제상에게서 구할 수도 있고, 중간 상인을 건너뛰고 동네 사형 집행인이 막 집행을 끝낸 사형수의 따끈따끈한 지방을 잘라주면 살 수 있다."

사람과 동물에게서 갓 나온 살은 매우 귀중한 상품이었다. 엘리자베스 여왕 시절, 보드라운 피부를 원했던 젊은 여성들은 사냥 중에 죽은 동물의 상처에 너도나도 손을 밀어 넣고는 매끄러워지길 원하는 피부나 사마귀가 난 부분에 마구 문질렀다.

16세기, 피에몽 출신으로 꾀가 많은 의사이자 연금술사인 마이스터 알렉시는 똥의 효과를 전적으로 믿었다. 여드름을 치료하기 위해 그가 내린 처방은 다음과 같다.

"5월, 소가 풀을 뜯으러 가고 벌이 풀밭을 날아다닐 때, 우리는 너무 싱싱하지도 않고 마르지도 않은 똥을 거두어야 한다. 그런 다음 그릇이나 잔에 넣고 증류하면 물이 나오는데, 여기에는 악취가 나지 않고, 아침저녁에 이 물로 세수를 하면 얼굴에 난 잡티나 흠을 모조리 없애줄 정도로 효능이 매우 뛰어나다."

기억해 둘 것: 절반 정도 싱싱한 똥만 유효하다.

훌륭한 마이스터는 또한 "홍통으로 피를 뱉는 사람을 위해" 아침 식사 전과 잠들기 전, 가루를 낸 쥐똥에 설탕 한 숟가락을 섞어 먹기를 권했다. 쥐똥을 먹기에 가장 좋은 시간이구먼.

오줌은 또 다른 초기 '청결제'였다. 16세기 영국의 외과의 윌리언 벌라인은 "증류한 꿀물과 강 식초, 우유, 그리고 남자 아이의 오줌"을 처방했다. 어린 남동생에게 왜 병에다 오줌을 누어야 하는지 설명하는 모습을 상상하자니, 도대체 무슨 대화가 오갈지 참 궁금하긴 하다.

우리의 믿음직스러운 의사 마이스터 알렉시는 "개의 오줌을 흙에 개어서 피부에 난 사마귀 위에 올려놓으면, 흙이 굳으면서 사마귀를 없애버릴 것이다." 신사 숙녀 여러분, 소개합니다. 얼굴 팩의 원조. 허먼이 썼듯이, 이 폐기물은 여전히 현대에도 쓰이고 있다. 시대와 위생의 시험대를 견뎌낸 재료 몇 가지를 살펴보자.

현대의 화장품

의문을 자아내는 재료는 과거에 생산된 제품만이 아니다. 현재 시장에서 팔리고 있는 화장품에서도 여전히 찾을 수 있다. 게다가 저가 화장품뿐만 아니라 값비싼 고급 브랜드 화장품에서도 볼 수 있다. 녹이 40달러나 하는 립스틱에 있을 리가 없다고? 나쁜 소식을 알려주게 되어 애석하네. 립스틱부터 살펴보자. 립스틱은 우리가 의도치 않게 꿀꺽 먹어버리고 마는 제품 중 하나다. 다음 목록은 오늘 날 화장품 재료로 여전히 쓰이고 있는 것으로, 성분 표에 축약어로 나와 있으므로 직접 찾아볼 수 있다.

벌레

'코치닐'은 연지벌레라는 곤충으로, 클레오파트라 시대부터 색깔을 내는 재료로 다양한 상품에 사용되어 왔다. 연지벌레는 립스틱의 붉은 색을 내는데 쓰인다. 이 색소는 임신한 암컷의 몸을 부수면 나온다.

재미있는 사실: 단 1킬로그램의 코치닐 가루를 얻으려면 연지벌레가 9만 마리 정도 필요하다. 코치닐은 요구르트와 과일 주스, 매니큐어와 블러시(볼에 바르는 연지)에도 들어간다.

관련 성분 표: 카민, 카민산, 코치닐 추출물. 또 다른 곤충인 락깍지진디는 매니큐어와 헤어 제품을 만드는 데 수천 마리가 희생된다.

관련 성분 표: 셸락.

녹

붉은 색소가 어떻게 립스틱에 들어갈까? 위의 벌레를 쓰지 않는다면, 블러시와 립스틱을 만들 때 녹을 쓰거나 때로는 둘 다 사용한다.

관련 성분 표: 산화철 또는 '774'와 '77491'로 시작하는 다섯 자리 숫자.

납과 다른 금속

납과 그 친구들은 입술 용품과 치약, 아이라이너, 선크림, 안약 등등에 들어간다. 재미있는 점은 우리가 실제로 납과 여타 해로운 금속을 어떻게 쓰는지 알아내는 일이 무척이나 어렵다는 것이었다. 제대로 파보지 않으면 자료를 찾기 쉽지 않다. 나는 화장품 업계가 쉽사리 재료의 정체를 파악하지 않기를 바란다는 결론을 내렸다. 그 장대한 계획에 차질을 빚어 미안하군. 관련 성분 표: 아세트산 납, 크롬(전이 금속), 티메로살(수은 화합물), 감홍(염화 제1 수은), 또는 머큐리오(수은의 고상한 이름).

동물과 동물의 기관

저 반짝이는 모든 것은…… 물고기다. 가루를 낸 물고기 비늘은 아이섀도와 매니큐어, 물을 반짝반짝 일렁이게 만드는 목욕 용품에 사용된다.

관련 성분 표: 구아닌, 하이포크산틴. 뭄바이에 기반을 둔 미생물학자 우메시 소니는 카우-패시Cowpathy라는 화장품 회사를 설립했다. 회사의 유일한 사명은 소똥과 소 오줌을 이용해서 제품을 만드는 것이다. 마이스터 알렉시가 언급했듯이, 소의 배설물에는 치유 성분이 들어있기 때문이다.

관련 성분 표: 카우-패시에서 나오는 모든 것.

가슴 장벽을 없애라

이번 주제의 제목을 지으려고 하자니…… 뇌 정지가 왔다. 제목을 '유방 부스터the boob booster'라고 지을 뻔했다. 내 가슴부터 발사해야겠군. 시작하기도 전에 삼천포로 빠지고 말았다. 이제 시작해보자.

오, 이런. 하이힐에 브래지어, 그리고 여성에게 불편만 초래하는 온갖 물건을 발명한 사람들. 가슴을 확대한다는 목적을 분명히 밝힌 최초의 특허는 1889년에 나왔다. 이 특허를 신청한 사람은 시카고 출신의 해리 밀러라는 남자였다. 버스트 디벨로퍼Bust Developer의 목적은, 그가 기술하기를, "수축하고 발달이 덜 된 세포에 조직을 채우고, 둥글고 풍만하며 완벽하게 발달한 가슴을 만들어 아름다운 몸매를 만드는 것"이었다.

그 장치 자체는 '종 모양의 둥근 덮개'로, 솔직히 말해서 모양새가 고급 변기 뚫어뻥처럼 생겼다. 딱 그 모양대로, 손잡이가 길게 뻗어 있는데 정확히 같은 원리로 쓰인다. 단, 막힌 가슴을 뚫어준다는 것이 다를 뿐.

사용자는 '치료받고 싶은 부위' 주위에 덮개를 꽉 덮는다. 일단 손가락을 도구의 입구 위에 올려놓고 공기를 막은 다음, 끌어당겨 가슴을 빨아들이도록 한다. 결과적으로 '치료받고자 하는 부위의 혈액 공급이 늘어난다. 이렇게 반복하면 가슴이 자라거나 커지는 데 도움이 된다.' 말을 좀 더 잘 꾸며내자면, "맞아요, 화장실에서 쓸 수 있다면 가슴에도 쓸 수 있답니다!"

시어스Sears, Roebuck & Co 사의 상품 안내서에 광고를 냈을 때에는 프린세스 버스트 디벨로퍼(Princess Bust Developer: 공주의 가슴

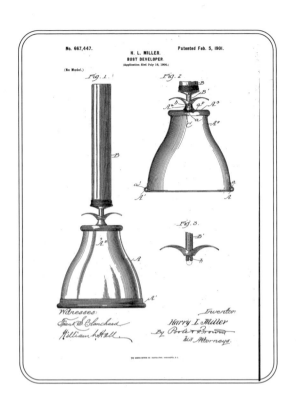

확대기)라는 좀 더 매력적인 이름을 내세웠고, 다른 상품 두 개와 묶음 상품으로 팔았다. 하나는 가슴 그림 병 또는 음식(실제 상품명은 나처럼 확실히 내놓지는 못한 것 같다), 그리고 가슴 확장용 진액Genuine Fleur De Lis Bust Expander이라 불리는 액체 혼합물을 무료로 제공했다. 가격은? 단돈 1.46달러면 세 개를 몽땅 손에 넣을 수 있었다. 오늘 날 화폐 값어치로는 대략 41달러 정도다.

가슴을 확대해주는 또 다른 발명품은 숙녀의 아름다움을 촉진하는 진공 펌프Lady Bountiful's Vacuum Pump라 불렸다. 디자인은 달랐지만 뚫어뻥으로서 기능은 똑같았다. 가장 큰 차이점이라면? 물의 힘으로

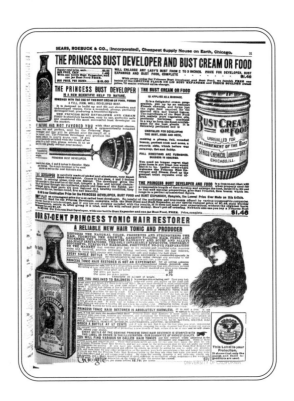

작동한다는 것이었다. 기다란 손잡이 대신 몇 미터 정도 되는 유연한 재질의 플라스틱 관이 달려있었고 끝에는 가슴에 부착하는 고깔이 달려 있었다. 화장실에서 사용하도록 쓰여 있으며, 다음과 같이 간단한 세 단계를 밟으면 된다.

1. 진공 부품(기다란 플라스틱 관)을 수도꼭지에 부착한다.
2. 물을 가장 세게 튼다.
3. 가슴 위에 플라스틱 컵을 슬며시 올려놓는다.
4. 컵 가까이에 있는 작은 입구 위에 엄지손가락을 올려놓고, (물의 흐름으로 만들어진) 진공으로 가슴이 컵 속으로 완전히 끌려 들어

갈 때까지 기다린다.

5. 가슴이 컵 속으로 들어가면, 엄지손가락을 단번에 놓고 가슴이 원래 위치로 돌아가도록 한다.

처음 이 기구를 사용했을 때 화장실에 물이 얼마나 넘쳐나는지 진심으로 보고 싶다.

가슴 확장술의 대유행은 시대가 아무리 바뀌어도 사그라지지 않는 미의 기준이다. 가슴을 크게 만드는 방법은 점점 정교해졌고, 현재는 성형 수술로 가슴을 영구적으로 크게 만들어주는 고도의 기술이 인기를 얻고 있다.

우리가 이 주제를 마치기 전에, 1970년대에 쓰인 어마어마하게 민망한 책을 소개하고자 한다. 《정신적 힘으로 가슴을 자연스럽게 확대하기: 마음의 90퍼센트로 가슴 크기를 크게 만드는 법Natural Bust Enlargement with Total Mind Power: How to Use the Other 90% of Your Mind to Increase the Size of Your Breasts》이라는 제목으로, 독자들에게 가슴을 크게 만들 수 있다고 생각하는 법을 알려주려 한다. 오로지 정신적 힘만으로. 감사하게도 이 책을 파는 그 어떤 서점도 찾을 수 없었다. 그나마 다행이군. 하지만 여러분이 어쩌다가 이 책을 가지고 있고 정신적 힘이 효과가 있다면…… 꼭 알려주기를 바란다. 그렇게 할 거지?

패션 애교점 소동

LE MATIN
La Dame a sa Toilete

Ces taches Artificielles   Mais en les plaçant mal, on s'expose avec elles
...nuisent aux yeux, au Teint plus de vivacité;   A defigurer la beauté.

애교점이 있는 젊은 여성. 프랑스 화가 질 에듬 프티의 동판화 작품.

여성과 남성이 같은 패션 유행을 공유한 적은 거의 없지만, 애교점mouche만은 예외였다.

한때 여성과 남성 모두 얼굴에 검은 장식용 점을 붙이는 것이 인기였는데, 여성의 경우 이 '애교점'을 무슈라 불렀다. 프랑스에서 무슈는 '파리'라는 뜻이다. 그도 그럴 것이, 애교점은 검은색이고 크기가 대략 파리 한 마리와 비슷하기 때문이다. 하지만 한편으로는 하트, 초승달 등 다양한 모양으로 잘라서 붙이는 일도 흔했다.

이러한 패션의 시작은 로마 시대의 시인 오비디우스 때로 거슬러 올라가지만, 16세기와 17세기에 이르러서야 프랑스와 영국을 중심으로 인기가 많아졌고, 그 이후로는 초기 할리우드 시대에 미국에서도 유행했다. 일반적으로 액세서리를 마음껏 살 수 있는 상류층에서 많이 사용했다. 애교점은 비단과 벨벳, 공단, 태피터(광택이 있는 빳빳한 견직물-옮긴이) 등으로 만들었는데, 한창 유행하던 당시에 구하기에는 저렴하지 않은 재료였다. 먹고 살기 빠듯한 사람들은 쥐의 가죽으로 대신 만들어 썼다. 심지어 베니스의 칼레 드 모스키트Calle de Moschete라는 거리에는 한때 쥐 가죽으로 만든 액세서리를 팔았다.

자료를 살펴보면 남성과 여성에게 모두 인기를 모은 여러 가지 이유가 있다. 바로 그렇다. 애교점은 패션 용도로 쓰였지만, 여기에 더해 천연두 자국과 흉을 가리기 위한 실용적 목적도 있었다. 아니면 그냥 그날 피부 상태가 좋지 않을 때 쓰기도 했다. 검은 점이 주는 대비 효과 덕분에 얼굴이 더 매력적으로 보인다고 믿었다.

17세기 중반의 일기 작가였던 새뮤얼 피프스는 자신의 공책에 일상을 아주 정확하게 묘사하는 것으로 유명했는데, 한번은 그의 아내가 이 유행을 따라 하기 시작했다고 기록했다.

"요즘 아내가 꽤 예뻐 보인다."

그는 이렇게 쓰고는 "내가 아내에게 애교점을 쓰도록 내버려 둔 적은 이번이 처음이다."라고 덧붙였다. 얼마 지나지 않아, 한바탕 병을 앓고 난 후, 그는 아내의 영역을 침범한 것으로 보인다. 그는 또 이렇게 썼다. "감기도 다 낫고 몸은 이제 꽤 좋아졌지만, 입은 딱지투성이였다. 그래서 어쩔 수 없이 커다란 애교점을 붙여야 했다." 봤지, 피프스 씨도 예뻐 보이고 싶었던 거라고.

애교점의 인기가 높아지자, 사회적 지위를 과시하는 수단이 되기도 했다. 기혼 여성은 오른쪽 뺨에 애교점을 붙였고, 미혼 여성은 왼쪽 뺨에, 그리고 정부(情婦)는 입 옆에 붙였다. 종종 애교점의 위치는 비밀 연애를 하는 연인들의 암호가 되기도 했다. 애교점의 예술에 대해 쓴 온갖 책들이 나왔는데, 위치 뒤에 숨겨진 암호와 뜻도 내용으로 들어가 있었다.

애교점으로 보는 정치 성향

다른 맥락으로, 애교점은 자신이 지지하는 정당을 알리는 수단이 되었다. 여성의 남성이 지지하는 정당이 될 수도 있었지만, 여성 자신이 지지하는 정당을 뜻하기도 했다. 바로 그거다…여성에게 발언권은커녕 자신의 의견을 낼 수 있는 기회가 없던 시절에 중요한 패션 액세서리였던 것이다. 여성들은 언제나 길을 찾을 것이다.

영국의 수필가이자 극작가였던 조셉 에디슨은 이를 두고 그가 창간한 신문이었던 더 스펙테이터The Spectator에 풍자적인 논조로 글을 실었다. 그는 '정당 애교점'이라 부르며 이 주제를 다루었다. 어느 날 저녁, 그가 오페라를 보러 갔는데, 여성 한 무리가 서로에게 '적대적인 눈길'을 주고받더니, 얼굴에 다른 모양의 애교점을 붙였다는 것을 알아챘다. 어떤 이들은 이마의 왼쪽에 점을 붙이는가 하면, 다른 이들은 오른쪽에 붙였다.

에디슨이 1788년에 낸 풍자 신문.

"조사를 해보니," 에디슨은 다음과 같이 썼다. "내 오른쪽에 있던 여성 전사들은 휘그당이었고, 왼쪽은 토리당이었다. 그리고 가운데에 애교점을 붙인 이들은 중립이었는데, 아직은 얼굴에 자신의 지지 정당을 밝히지 않았다." 에디슨은 자신의 기사에 비꼬는 유머를 덧붙였는데, 이마에 원래부터 점이 있었던 사람은 여성들 사이에서 혼란을 일으켰다고 묘사했다.

"유명한 휘그당 당원이었던 로잘리나는 불행하게도 이마의 토리당 부위에 타고 난 점이 있었다. 때문에 종종 실수를 저질렀고, 적들이 그녀의 얼굴을 보고 휘그당을 배신했다는 오해를 할 빌미를 제공했다."

내 얼굴에도 주근깨가 많으니까 나 역시 혼선을 엄청나게 일으킬 것 같다.

물론 애교점을 이용하는 데 있어 반대 목소리를 높이는 이들도 많았다. 성직자들과 사회의 여러 일원들은 애교점을 붙이는 풍습이 쓸데없는 허영심을 부추긴다고 믿었고, 그러한 허영은 두말할 것도 없이 악의 근원이라고 생각했다. 애교점은 금지되었고, 세월이 흐르며 여러 번 부활했다. 그리고 마지막 르네상스는 초기 할리우드 영화 시대였다. 미용 애교점이 유행하고 꽤 오랜 시간이 흘렀지만, 누가 알겠는가! 파리처럼, 패션 유행은 언제나 돌고 돌게 마련이다.

남성의 네일 케어

유행은 돌고 돈다고 했다. 언제나 죽지도 않고 또 온다. 이번 주제에서는 남성들 사이에서 네일 케어가 다시 유행으로 찾아온다. 그런데 많은 이들이 이전에는 없던 새로운 유행이라 생각한다. 하지만, 남자들은 기원전 3,200년 전부터 네일 케어를 받아 왔다.

바빌로니아와 로마, 중국의 전사들은 전투에 나가기에 앞서 손톱과 입술, 머리카락을 검게 물들였다고 한다. 중국에서는 남성들이 5천년 넘게 손톱을 물들였다. 그러나 손톱을 '염색'했다고 표현하는 편이 더 정확한데, 당시에 쓰던 혼합물은 우리가 사용하는 현대의 매니큐어보다 좀 더 액체에 가까웠기 때문이다. 손톱을 물들이는 염료는 달걀흰자와 젤라틴, 밀랍 등을 섞어서 만들었다. 그보다 더 흔하게는

'콜'을 썼는데, 납이나 석탄으로 만들 수 있었다.

손톱을 물들이는 풍습은 주로 상류층 사이에서 유행했고, 색상으로 사회적 지위를 나타냈다. 달리 말하자면 손톱이 어두울수록 더 멋있다는 말이다. 오늘 날과 비슷하다. 어두운 손톱은 사람을 거칠고 억세게 보이게 한다. 나는 다음 '맨(man)이큐어'로 어떤 색상으로 할지 벌써 정한 것 같다.

힐 위에 머릿수건

1400년대 초반, 머릿수건의 폭이 최대 유행으로 떠올랐다. 발가락을 덮을 수 있을 정도로 그늘이 질수록 좋았다. 하지만 이후 15세기 후반, 머릿수건을 쓰는 방식이 하늘을 찌를 듯 높이 솟아오르는 것으로 바뀌어 유행을 선도했다. 그 중에 하나가 헤닌hennin이었다.

헤닌은 고깔 혹은 유니콘 뿔 모양의 머릿수건으로, 보통 얇은 베일로 만들어 위에서 아래로 드리웠다. 헤닌의 유행이 절정에 달했을 때에는 꼭대기의 높이가 1미터를 넘을 정도였다. 어떤 자료에 따르면 여성들은 튼튼한 핀이나 리본, 심지어는 접착제를 이용해 머리에 단단히 묶었다고 한다.

머릿수건은 45도 정도로 살짝 기울여 여성의 머리를 모두 덮도록 했다. 그리고 헤닌은 머리에서 한참 뒤에 놓여있었기 때문에, 여성들은 종종 앞머리를 뽑아내서 한 가닥도 보이지 않게 했다. 이마를 훤칠하게 드러내는 것이 유행이었으므로 눈썹도 시원하게 뽑아버리곤

했단다!

　혜닌은 유럽에서 유행하기 시작하여 영국에 빠르게 퍼져나갔다. 유행을 선도하는 층이 대부분 그렇듯, 이 첨탑 같은 머릿수건도 상류층 여성들의 전유물이었다. 아찔하게 솟아오른 1미터짜리 머릿수건을 두르고 어찌 직물을 짜거나 밭일을 하겠는가?

　다양한 종류의 혜닌이 등장하면서, 터키식 페즈(fez: 이슬람 국가의 남자들이 쓰는 빵모자-옮긴이)와 같은 변형도 보였다. 또한 나비 혜닌이라고 하여, 고깔이나 철사 두 개로 베일 속에 커다란 토끼 귀 마냥 모양을 만든 것도 있었다. 아니면 하트의 퀸Queen of Hearts(트럼프에서 하트 퀸 카드를 말함-옮긴이)을 확대한 듯, 하트 모양 머리를 만들기도 했다. 말 그대로 고급 패션이었다.

내 것은 네 것보다 크다

여성들의 머릿수건이 점점 높아져가는 동안, 남자들은 '누구 것이 더 큰가'를 두고 대결을 펼쳤다. 아니 아니, 그것을 말하는 게 아니다. 더러운 생각은 금물. 음, 나도 그렇게 생각한 듯.

1360년대 즈음 중세 시대에, 영국 남성들 사이에서는 길고 뾰족한 신발이 유행이었다. 사실 그러한 신발은 흑사병으로 인구가 절단 난 이후에 유행하였는데, 그래서 남성들은 자신들의 삶을 밝게 빛내줄 가벼운 무언가를 원했을 지도 모른다. 쇼핑을 통해 기분을 전환한다던가. 이렇게 뾰족한 신발을 흔히 풀렌느poulaines라 불렀는데, '폴란드 패션으로 신는 신발'이라는 뜻의 프랑스어에서 따왔다. 폴란드 패션이라 불렸던 이유는 신발이 폴란드에서 왔기 때문이었다.

시간이 흐르며(유행은 약 300년이나 지속되었다!), 신발 끝은 점점 더 길어져 걸을 수도 없을 정도였다. 어떤 신발은 길이가 60센티미터나 될 정도였으니! 실제 발가락에서부터 잰 길이만 해도 그랬다. 당시 남성들의 평균 발 크기를 약 23센티미터라고 치면, 거의 90센티미터짜리 신발을 신고 걷는 셈이었다. 신고 다니기에는 너무 무리 아닌가! 가죽으로 만든 스키를 신고 걸어 다니는 것과 마찬가지였다.

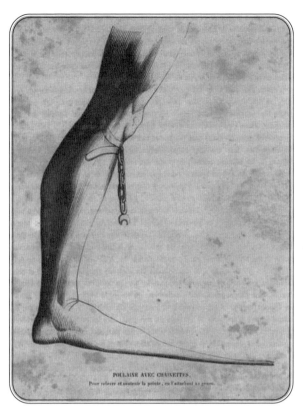

POULAINE AVEC CHAUSSETTES.
Pour relever et soutenir la pointe, en l'attachant au genou.

어떤 신발은 너무 무거워서 무릎에 쇠고랑을 묶어서 지지해야 할 정도였다.

풀레느는 여느 패션과 마찬가지로 사회적 지위의 상징이었다. 신발 끝이 길수록 부유하다는 것을 뜻했다. 그러한 신발을 신고 제대로 걸어 다닐 수 없다는 말은, 육체적 노동이 필요치 않은 상류층이라는 뜻이었기 때문이다.

가장 과감한 패션의 선두주자로서, 교회와 정부는 이 신발에 성적 의미가 다분하다는 데 충격을 받았으며, 법으로 규제하려는 움직임을 보였다. 여러분도 보다시피 수많은 남성들이 신발 끝을 빳빳이 고정하기 위해 그 속에 양털이며 고래 뼈, 또는 여러 재료를 쑤셔 넣었다. 어떤 이들은 신발 끝을 살색으로 칠하기도 했다. 바로 그렇다, 중세 시대의 남성들은 우리의 생각보다 더 섹시했다.

이 중력을 거부하는 신발은 1950년대에 끝이 뾰족한 구두로 재등장했다. 다만 이번에는 훨씬 차분해진 모양새였지만. 그러나 좀 더 최근, 2000년대 초반, 멕시코의 마테우알라에서 화려하게 돌아왔다. 남성들은 종전과 비슷한 패션으로 만든 카우보이 부츠를 나팔 모양으로 쭉 늘렸다. 그런데 이러한 신발 스타일 중 일부는ー이걸 진정으로 신발이라 부를 수 있을지는 모르겠지만ー길이가 1미터를 넘을 정도였다. 어떤 고급 패션 디자이너는 이 디자인을 차용한 신발을 만들어 패션쇼 무대에 올렸다. 그러나 유행이 다 그렇긴 하지만, 한 물 가는 것은 시간문제일 뿐이다. 어차피 올라가는 것은 내려가기 마련이니까. 찡긋.

다리가 네 개 달린 팬티스타킹

이것은 마치 애니메이션 〈심슨The Simpson〉에 나오는 외계인 캉과 코도스를 위해 특별히 제작한 듯 생겼다. 하지만 발명가 아넷 파파스의 생각은 좀 달랐다. 더 팬티 호즈The Panty Hose x3는 다리가 네 개 달린 팬티스타킹으로 여성들이 어디를 가든 여분을 제공하고자 만들었다.

평소에는 정상적으로 신고(구멍 하나에 다리 하나씩), 여분은 접어 넣어 둔다. 그렇게 하다 스타킹이 어딘가에 걸리거나 찢어지면, 화장실로 잽싸게 들어가 나머지 멀쩡한 여분으로 갈아 신는다. 간단하지! 이제 내 머릿속에서 캉과 코도스를 지우기만 하면 된다.

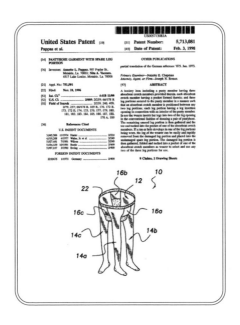

숨을 들이마셔 보게, 친구

여성들이 패션을 위해 거쳐야 했던 것을 남성도 조금이라도 맛보았던 시기 - 아주 잠깐 열렬하게 - 가 있었다는 것을 알면, 여성들은 꽤나 고소해할 것이다. 1700년대 후반과 1800년대 초반에는 얇은 허리가 여성뿐만 아니라 남성들 사이에서도 유행이었다!

당시 남성을 대상으로 한 고급 패션으로는 몸에 꼭 맞는 바지와 재킷이 있었다. 그러나 누군가 옷을 껴입는데 도움이 필요하다면? 몸매를 잡아주는 도구라던가? 음, 1820년대에 남자들은 역사상 처음으로 코르셋을 입기 시작했다. 이번 한 번은 이해해보도록 하겠다.

리스트의 벨트 코르셋을 모델이 입어 보이고 있다.

남성을 위한 인기 코르셋 브랜드로는 '리스트의 특허 받은 벨트 코르셋Reast's Patent Invicorator Belt'이 있었는데, 남성들에게 주는 다양한 혜택을 자세히 설명했다. "이와 같이 벨트와 결합한 코르셋은 몸매를 뽐내고 재단사가 탁월한 착용감과 뛰어난 외관을 보장하도록 해줄 뿐만 아니라, 위풍당당하고 군인다운 자세와 더불어 남성들의 건강과 편안함을 증진시켜주는 데 필수적입니다."

코르셋은 신체 장기를 손상시킬 수 있다는 이유로 매우 악명이 높지만, 이 경우에는 전혀 해당하지 않았다. "벨트 코르셋은 가슴을 넓혀줍니다. 척추를 지지해주며, 몸을 곧추 설 수 있도록 도와줍니다. 폐와 신장을 추위로부터 보호합니다. 위도 받쳐주지요." 광고는 의사 두 명이 코르셋(죄송, 벨트)을 입어보며 나누는 대화(아마도 꾸며낸 이야기)로 진행된다.

　　윌슨 박사가 말하길 – "리스트 페이턴티가 만든 벨트는 내가 입어본 것 중 가장 편안해. 등 근육을 제대로 받쳐주고, 구부정한 자세를 아주 효율적으로 막아주지."

　　하든 박사가 말하길 – "자네의 벨트 코르셋을 입어보았는데, 정말 몸을 제대로 지지해주는구먼. 내 환자들에게도 잊지 않고 꼭 권해야겠어."

　　신사들을 위해 의사들이 권합니다. 리스트의 특허 받은 벨트 코르셋.

여러분도 짐작했겠지만, 이 유행은 그다지 오래 가지 않았다. 결국 댄디즘, 즉 세련미와 패션에 지나치게 신경 쓴다는 인상을 준다고 보았기 때문이다. 이러한 특성은 너무 여성스럽게 보인다는 시선이 있었기 때문에 남성들의 코르셋은 얼마 지나지 않아 걸쇠를 풀어 버렸다.

희한한 직업들

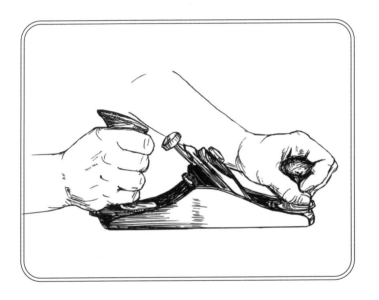

"인생에서 어떤 일을 하든, 제대로 하라."

– 마틴 루터 킹 주니어

누군가는 해야 했기 때문에

누군가는 다음과 같은 희한한 일을 해야 했다. 그러니까, 전통적 대학 교육으로 배우기에는 너무 세세한 것들. 직업을 찾았나 했더니 운명의 장난에 휘말려들고 말았다. 상어 수조 청소부? 코끼리 의상 스타일리스트? 이런 일을 하는 사람도 있다.

어떤 사업은 대중의 수요를 등에 업고 휙 나타났다가, 몇 년 안에 쥐도 새도 모르게 사라진다. 그리고 어떤 일은 생존을 위해 꼭 필요하다(그 일을 대체할 기계가 등장하기 전까지는). 하지만 변함없는 한 가지가 있다. 특이한 직업을 보면 우리 인간이 얼마나 기발하고 독창적인지 알 수 있다는 것. 사람들은 재주가 많다! 간교한 사람들도 많고.

또한 여기에 소개하는 직업은 특정 시대를 알 수 있는 밑바탕이다. 종교의 영향, 사람들 사이에서 유행하던 것, 그리고 업계의 상황. 과거를 들여다보면 많은 점을 배울 수 있다. 기술과 과학, 단순화된 현대가 항목별 광고란과 구인란에서 이 직업들을 없애버렸지만 말이다. 여기서 – 비록 한 챕터뿐이지만 – 우리는 그 일을 해야만 했던 '누군가'가 되어 그 괴짜의 삶을 대신 살아볼 것이다.

노커 어퍼knocker-upper: 잠을 깨워주는 사람

차갑고 축축한 자갈길을 따라 노커 어퍼가 살금살금 다가온다.

창문마다 똑똑 두드리며 세상을 잠에서 깨운다……

– 마이크 카나반

요구 조건: 막대기, 얼린 완두콩, 심술궂은 반응에 의연한 태도.

직업 상황: 사라짐.

이 희한한 직업은 그냥 들으면 여성을 전문적으로 임신시키는 사람인 것 같지만, 아이구, 그게 아니다. 노커 어퍼는 초창기 알람시계와 같은 개념인데, 인간이 이 일을 담당했으며, 1800년대 중반부터 후반까지 활발하게 이용되었다. 출근 때문에 일찍 일어나야 했던 사람들은 노커 어퍼에게 돈을 주고 아침 일찍 집으로 와서 창문을 두드려 깨우도록 했다. 수요층은 대부분 노동자들로 엄격하면서도 이른 일정을 소화해야 하는 사람들이었다. 하지만 대부분의 봉급으로는 값비싼 시계를 사기 힘들었다.

노커 어퍼가 하는 일은 기다란 막대로 높이 있는 창문을 똑똑 두드리거나, 빨대를 불어 완두콩을 쏘는 것이었다. 이들은 무료로 다른 사람들을 깨우고 싶지 않았기 때문에, 일을 완수할 정도로 큰 소리를 내면서도 아랫집에 있는 이웃은 깨우지 않을 정도로 조용한 방법을 썼다.

그러면 노커 어퍼는 누가 깨웠을까? 당시의 사람들도 같은 질문을 했다. 여기에 흔히 불렸던 텅 트위스터(tongue-twister: 발음 연습)같은 리듬을 보자:

우리에겐 노커 업이 있다네, 그리고 우리의 노커 업에게도 노커 업이 있지.
그리고 우리의 노커 업의 노커 업이 우리의 노커 업을 똑똑 두드리지 않았네.
그래서 우리의 노커 업은 우리 집을 똑똑 두드리지 않았지.
왜냐하면 일어나지 않았으니까.

이 성가신 질문에 대답을 하자면, 노커 어퍼 대다수는 흡사 흡혈귀와 같은 일정을 택했다. 낮에 자고 저녁 일찍 일어나, 몇 시간 후 교대 할 준비를 했다.

이 사업은 결국 기계로 작동하는 알람시계에 밀려났다. 세스 토마스는 1876년 10월 알람시계 특허권을 냈는데, 그렇다고 이 직업을 아예 없애버리지는 못했다.

노커 어퍼는 1930년대까지 전 세계적으로 널리 인기를 모았으며, 1970년대 후반까지도 간간이 노커 어퍼가 활약했다. 그 후, 노커 어퍼는 유료 직종으로서 공식적으로 사라졌다. 그래도 나는 이 직업이 여전히 존재한다고 우기고 싶다. 내가 꼬마였을 때, 우리 엄마는 학교에 가기 전 매일 아침마다 내 전용 노커 어퍼 역할을 하셨다. 전자 알람시계(와! 책임감)의 존재를 깨닫기 전까지 말이다. 이제 매일 아침, 잠을 깨우기에는 너무 차분하고, 다시 잠들기에는 너무 생기 넘치는 휴대폰 벨소리에 옴짝달싹 못하고 있다. 내가 어떤 벨 소리를 말하는지 알겠지. 휴. 그때가 좋았지.

30년 처녀

요구 조건: 처녀, 젊고, 귀족 집안의 자제 선호, 불을 좋아해야 함.

직업 상황: 사라짐.

고대 로마에서는 여섯 살에서 열 살 사이의 소녀들 – 나로 따지자면 브리트니 스피어스를 제일 좋아하고 워크맨을 사기 위해 돈을 모았던 시절 – 이 30년 동안 베스타 여신을 모실 사람으로 선택을 받았다. 이 소녀들은 사지가 멀쩡하고(자질구레한 사항), 귀족 부모에게서 태어나야 했다. 베스타 처녀의 업무란?

활활 타오르는 고대의 불꽃을 수호하는 일. 이들의 의무는 베스타 여신을 모시고, – 불꽃이 꺼지지 않도록 – 신전을 관리하는 것이었으며, 이와 더불어 6월 베스타 축제일을 주관하는 등 다양한 업무를 맡았다.

그리스 로마의 수필가였던 플루타르크는 처녀들에 대해 쓰며 다음과 같이 말했다.

"어떤 이들은 여신을 시중드는 처녀들에게 [신성한] 불을 보호하는 것 외에는 별다른 일이 없다고 말한다. 그러나 다른 이들은 처녀들이 스스로를 감추고 신의 비밀을 간직한 자라고 생각했다."

그다지 나쁜 일은 아니군, 여러분은 이렇게 생각했을 지도 모른다. 이 여성들은 자신이 속한 사회에서 두말 할 나위 없이 숭배의 대상이었고, 다른 여성들에게는 허락되지 않는, 이를 테면 재산을 소유하는 등의 자유를 누리기도 했다. 그러나 특권을 받은 대가는 너무나 컸다.

처녀성을 잃어버리거나 소소한 잘못을 저지르면, 형벌은 가혹했

다. 처녀성을 잃는다는 말은 무자비하게 얻어맞고 산 채로 매장 당한다는 것을 뜻했다. 어떤 자료에서는 심지어 펄펄 끓는 용암에 끌려갔다고 밝히기도 했다.

불을 꺼뜨리는 등 다소 사소한 실수를 해도 어마어마한 결과와 맞닥뜨려야 했다. 무엇보다도 꺼지지 않고 타오르는 불꽃은 시 전체의 운과 직결된다고 믿었으니 말이다. 이 신성한 의무를 게을리하면 로마에 비극을 가져올 터였다.

이 일(직업이니까)은 394년까지 로마의 주요 업무로 남아 있다가, 그리스도교 황제인 테오도시우스 1세가 베스타를 모시는 일이 이교도 의식이라며 없애버렸다. 이로써 처녀들의 일과 그 모든 특전들, 그리고 신성한 불은 모두 훅 꺼졌다. 로마의 포로 로마노에 가면, 이들이 기거하고 일을 했던 아트리움 비태Atrium Vitae의 유적을 지금도 볼 수 있다.

시식 시종: 미리 맛보는 사람

요구 조건: 입, 위, 자기 보호 본능이 낮고 안전은 뒤로 미뤄두는 사람.

직업 상황: 여전히 존재.

옛날에 전문적으로 맛을 보는 사람을 가리켜 라틴어로 푸라이구스타토르praegustator, 또는 그냥 간단하게 시식 시종이라 불렸는데, 언제나 도박처럼 목숨을 걸어야 했다. 세상에 위험한 일은 많고 많지만(경찰관, 건축 노동자, 소매상 등), 이 일은 자신이 정말로 죽을 수 있음을 알면서 자원하는 직업이다. 아마도 여러분은 역사책을 통해 왕실에서는 음식을 미리 맛보는 사람이 있다는 사실을 알고 있을 것이다. 그러나 사람들이 스스로 이 일에 나섰다는 사실도 알고 있는가? 이 역할을 떠맡는 사람은 비단 불쌍한 노예들만이 아니었다.

이름이 알려주듯, 시식 시종은 왕실이나 부유층의 음식을 맛보는 일로 봉급을 받았다. 따라서 음식에 독이 들어 있으면, 시종은 고용주 대신에 죽을 수도 있었다. 쉽게 말해 총대를 멨다는 말이었다. 도대체 왜 이런 일을 하려 했을까? 흠, 추측컨대 이 일을 하는 사람들은 일을 하고 받는 혜택이 커다란 단점을 상쇄한다고 생각했을 수 있다. 이러나저러나 세상에서 가장 값비싼 고급 음식을 맛보는 일이니까. 그것도 황제나 왕에게 진상을 올리는 음식이니 말이다. 여기에 더해 통치자를 향한 충성심 어쩌고저쩌고 때문에. 게다가 급여도 높았다. 그러니 죽음이 무슨 상관, 안 그래?

역사적으로 유명한 시식 시종이라면 헤일로투스Halotus라는 환관을 들 수 있다. 그는 클라우디우스 로마 황제의 집사이자 푸라이구스 타토르였다. 헤일로투스가 지금까지 기억되는 이유는 꽤 아이러니하다. 일을 하다 잘못을 저질렀기 때문이다. 결말이 나오니 주의할 것.

그의 상관이었던 클라우디우스 황제는 암살을 당했다. 다들 그가 독살 당했다고 믿었고, 헤일로투스가 사건을 조사할 때 가장 유력한 용의자로 지목 받았다. 말 그대로 충격적인 일이었다. 그러나 이상하게도 헤일로투스를 기소할 만큼 증거가 충분하지 않았다. 그래서 그는 말년까지 호화롭게 살았다(클라우디우스의 후계자는 결국 그에게 명망 높은 자리를 주었다……. 뭔가 수상쩍은데, 그렇지 않은가?).

이 희한한 일이 옛날에 있었다고 해서 지금은 사라졌다는 말은 아니다! 나폴레옹과 엘리자베스 1세에서부터 히틀러, 에르도안 튀르키예 대통령, 그리고 버락 오바마 미국 대통령들 모두 시식 시종을 둔 것으로 알려졌다. 독은 소리 없는 무기다. 암살자의 얼굴을 드러내지 않고 임무를 완수할 수 있고, 때로 죽음의 원인을 알쏭달쏭하게 만들어 다른 쪽으로 눈을 돌리게 만든다. 강력한 장벽과 경호원 등의 보호를 받는 권력자들이 있는 한, 안타깝지만 독은 언제나 대담한 푸라이구스타토르를 위협하는 도구가 될 것이다.

의심스러운 무언가를 맛 보아야하는 직업에 대해 말하자면, 여기에 더 있다.

개 사료 맛 평가원: 어떤 종의 음식이든 맛을 따져야 함은 마땅하지만, 인생이 어디 상식적으로만 돌아가던가? 개 사료 맛 평가원은 개 사료의 맛과 질감, 풍미 등을 다른 브랜드와 비교하는 일을 하는 사람이다. 재미있지만 불안한 점은 우리 인간이 개가 아닌 우리에게 맛과 향이 좋은 음식을 살 가능성이 높다는 것이다. 그러니 개 사료에 들어간 인공 향이나 색소, 맛은 사실 우리 취향이다. 생계를 위해 개 사료를 먹어야 하는 사람이 있다는 걸 내가 말했던가?

야간 분뇨 수거인 The Night Soil Man

요구 조건: 땅속으로 들어가 더러워져도 개의치 않는 사람. 자기 일에 최선을 다하는 사람.

직업 현황: 여전히 존재.

수도 시설이 생기기 전, 우리, 오 주여, 인간의 배설물을 처리하는 데에는 선택의 여지가 몇 개 없었다. 강에 던져서 버리기도 하고, 구멍을 파서 묻기도 했다. 그러나 도시는 그보다 더 열악했다. 하수관이 제대로 갖추어지지 않은 도시는 그다지 매력적인 터전이 아니었다. 우리의 배설물을 처리할 수 있는 방법이 별로 없으니, 거리에 나가면 땅에 파 놓은 깊은 오물 구덩이가 자주 보였다.

이 구덩이를 어떻게 관리했을까? 이 오물 구덩이를 누구에게 의지해야 했을까? 음, 분뇨가 가득 차오르면, 야간 분뇨 수거인이 구해주러 출동했다! 이들은 또한 공 파머gong farmer 또는 고대 로마어로 스테코래이우스stercorarius로 불렸는데, 이 단어가 친숙하지 않을 여러분을 위해 설명하자면, 영문명 중 'night soil'은 사람의 분뇨를 정중히 가리키는 말이었다. 이들은 독립적으로 계약을 맺고 수레를 끌고 돌아다니며 분뇨와 잡다한 쓰레기를 수거했다. 우물에서 물을 끌어 올리듯, 쓰레기를 양동이로 퍼 올렸다. 바닥에 양동이로는 퍼낼 수 없을 정도로 배설물이 많을 때에는 일꾼들이 사다리를 타고 직접 웅덩이 아래로 내려갔다. 저 깊은 똥구덩이 속으로 들어갔던 것이다!

18세기 '야간 분뇨 및 쓰레기 수거인' 업체에서 낸 견습생 구인 광고.

야간 분뇨 수거인이 진(증류주의 한 종류-옮긴이) 한 병을 보상으로 받은 것은 드문 일이 아니었다. 하지만 다른 이득도 보았다. 통과 수레가 가득 차면, 이들은 배설물을 도시 밖으로 겨우 끌고 나갔다. 쓰레기는 재활용 하거나 이익을 볼 수 있는 형태로 분류했고, 분뇨는 농작물 비료로 농부들에게 꽤 좋은 값을 받고 팔았다. 생사의 순환: 우리는 음식을 먹고, 똥을 싼다. 그리고 우리의 똥은 새로운 음식에 거름이 된다.

'머크멘Muckmen'이나 '공 퍼모스gong-fermors'는 과거에 야간 분뇨 수거인을 가리키던 또 다른 이름이었는데, 현대 아이티어에도 이 직업을 가리키는 바야쿠bayakou라는 단어가 있다. 그렇다, 이 직업은 오늘 날에도 여전히 존재한다. 사진 기자인 안드레아 브루스가 〈내셔널 지오그래픽〉지에 기고한 글에서, 이 직업을 흥미롭게 조명한 사진을 볼 수 있다.

안드레아의 말을 빌리자면 바야쿠는 '화장실을 비워주는 노동자들'이다. 위생은 지금도 치명적인 위협 대상이고, 아이티의 하수 처리장은 아직도 미비하다. 따라서 이 노동자들이 하는 일은 화장실에 가서 – 일반적으로 땅에 구멍을 파는 식이다 – 분뇨를 자루에 넣고(보통 손으로 퍼서), 트럭으로 운반해 가는 것이다. 과거에 야간 분뇨 수거인들이 했던 일과 다르지 않다. 한 가지 확실한 점은 이 직업이 과거에도, 그리고 지금도 썩 달갑지는 않지만 꼭 필요하다는 것이다. 가장 희한한 직업이 가장 필요할 때가 있다.

전문적 저주꾼

요구 조건: 문자를 읽을 줄 알고 창의적이어야 함. 흑마술에 관심이 있는 사람.

직업 현황: 여전히 존재, 이런 분야에 관심이 있다면.

고대 로마 시대에 강도나 사기를 당했거나, 아니면 그냥 누군가에게서 모욕을 당했다면, 스스로 문제를 해결해야 했다. 그렇지 않으면 차라리 초자연적인 힘을 빌릴 수밖에. 당시에 로마는 야간 경비원은 고사하고 제대로 된 공권력이 없었다. 따라서 신에게 기도를 드리거나 자신에게 잘못한 사람을 저주하는 일 말고는 무엇을 더 할 수 있었겠는가? 쇠붙이나 돌덩이에 이름과 함께 아주 험한 악담을 새겨서 천년만년 가게끔 두면 어떨까?

이러한 관행은 선풍적인 인기를 끌었기 때문에, 공인을 받은 직업이 확실히 필요해졌다. 전문가 말이다. 아마추어 저주가 누빌 자리는 이제 사라졌다. 이렇게 해서 '저주 판(板) 제작자'라는 특이한 직업이 탄생했다. 이제 동네 저주꾼을 찾아가서 자신이 원하는 글귀로 새겨달라고 의뢰를 하거나, 시 쓰기에 능하지 않은 경우 일반적인 저주 메시지를 써달라고 하면 끝이다. 저주의 효과를 극대화하기 위해 뒤에 악담을 마구 퍼부을 수도 있다. 뱀이나 메두사 등을 더하면 추가 요금이 붙었다.

저주 판이 준비되면 마룻장에 있는 저주의 벽에 끼워 넣어 두거나 사원 또는 신성한 곳에 두면 된다. 오랜 세월에 걸쳐 전 세계의 성전에서 수많은 저주 판이 발견되었다.

나도 지난여름 영국의 배스 시를 방문했을 때 그 저주 판들을 볼 기회가 있었다. 로마 시대의 공중목욕탕은 모임 장소이면서 미네르바 여신을 모시는 신성한 곳이었는데, 여기에 수천 년 전 물속으로 던져 넣었던 동전이 어마어마하게 많이 있었다. 이 동전들 또는 납으로 만든 얇은 판에는 저주꾼들이 미네르바 여신에게 – 여신은 정의를 비롯한 수많은 것의 수호자였다 – 자신이 이름을 쓴 당사자가 불운이 닥치거나 병을 앓게 해달라고 빌었다. 여기에 당시 쓰인 저주를 번역한 내용이 있다:

"트레시아 마리아와 그녀의 일생, 마음, 기억, 간과 폐가 뒤섞이기를 바라며 저주한다. 그리고 그녀의 말, 생각, 기억까지도.

그러면 무엇이 숨겨져 있는지 말할 수 없게 될 터이다."

"도키메데스는 장갑 두 개를 잃어버렸다. 그래서 그는 여신의 신전에서 도둑의 마음과 눈을 빼앗아 달라는 요청을 했다."

"내게서 빌비아를 앗아간 놈은 물처럼 곤죽이 되어 버리리. 그녀를 그렇게 터무니없이 집어 삼킨 놈은 벙어리가 되기를."

마지막 어구에서, 이 사람은 도둑맞은 동물에 대해 이야기하고 있는 것이 아닐까 한다. "빌비아를 앗아간 자"가 식인종이고 이 사람의 시종이나 아이를 잡아간 것이 아닌 한, 물처럼 곤죽이 되기를!

하지만 저주의 문구는 로마 영역 밖으로도 퍼져나갔다. 사이프러스의 고대 도시였던 아마투스는 현재 고고학 연구가 한창인데, 저주 문구가 새겨진 돌 판이 발견되었다.

"잠자리를 하면 거시기를 다칠 것이다."

오오. 화끈하구먼. 거 장난이 너무 심한 거 아니오.

겨드랑이 털 뽑는 사람

요구 조건: 섬세한 작업에 집중력이 높고, 털털한 상황을 잘 다루

는 능력.

직업 현황: 사라짐.

고대 로마의 공중목욕탕이라는 주제와 따끔거리는 것을 놓고 이야기하자면…목욕탕에 가는 일은 스파에 가는 것과 유사하다. 뜨거운 물에 몸을 푹 담그고 나서, 옆방으로 가면 이제 온갖 보살핌을 받는다(성별로 나뉘어 있으므로, 일종의 고급 탈의실을 생각하면 된다). 사우나에서 해독을 하고 나면, 노예 중 하나가 기분 좋게 몸을 문질러 주고 또 다듬어 준다. 그리고 지금 말해두는데, 로마 시대 사람들은 몸에 난 털을 제거할 때 밀레니얼 세대(1980년에서 2000년 사이에 태어난 세대-옮긴이)만큼이나 솜씨가 형편없었다.

목욕 조합원들은 사람들을 고용했는데, 이들이 하는 유일한 일이라고는 겨드랑이 털 뽑기뿐이었다. 1세기와 2세기에는 잔털 하나 없이 매끈한 몸을 만드는 것이 폭풍처럼 유행했기 때문에 전문적으로 털을 뽑는 서비스가 광범위하게 이용되었다. 이들은 보통 소리를 내어 (큰 소리로) 광고를 했다. 당시 사회에서 그들이 내는 소리는 하도 흔해서, 젊은 네로 황제의 스승이었던 루키우스 세네카는 다음과 같이 썼다.

"…그리고 털 뽑는 사람들은 찢어질 듯 새된 소리를 내며 사람들이 알아차릴 때까지 계속 소리를 질렀다. 그는 손님들의 겨드랑이 털을 뽑고 자기 대신 손님들이 소리를 지를 때 빼고는 결코 조용한 법이 없었다."

이제 나는 겨드랑이 털을 뽑는 데 거리낌 없는 변태 같은 사람은 알지 못한다. 우리에게는 꽥 소리를 지르지 않아도 되는 왁스와 레이저 제모 기술이 있으니까.

녹-노블러 Knock-Knobbler

요구 조건: 교도관 기질이 있는데 교회를 사랑하는 사람.

직업 현황: 사라짐.

과거로 돌아가 종교 활동을 할 때 교회를 가는 일이 필수 조건이 었던 시절, 예배 중에 너무 소란을 피우는 사람을 다루는 일종의 훈육 교사가 있었다. 이들을 녹-노블러라 불렀다. 요새 들을 수 있는 이름은 아니다. 종종 '개 잡는 사람'이라는 이름으로도 불렸지만, 이들이 하던 일은 그 영역을 넘어설 때가 많았다. 무엇보다도 떠돌이 개를 잡아봤자 몇 마리나 잡을 수 있다는 말인가?

말썽장이 아이들부터 설교를 훼방 놓는 떠돌이 개들까지, 녹-노블러들은 이들을 내쫓는 일을 도맡았다. 교회는 녹-노블러를 고용하여 질서를 유지하고 조용한 분위기를 유지하도록 했다. 하지만 휴식시간에도 그들은 기다란 막대를 가지고 꾸벅 조는 사람들을 찔렀다. 영국의 엘리자베스 통치 하에서 가장 활발히 활동하였는데, 얼마 지나지 않아 그들의 역할은 잠자듯 사라졌다.

깃털 세공인

요구 조건: 깃털, 예술적 성향

직업 현황: 여전히 존재.

깃털 세공인은 특별한 종류의 새이며, 장식용 깃털을 만드는 장인을 가리킨다. 어, 자연이 그들을 디자인한다고 생각한다. 깃털 세공인은 디자인이 끝난 깃털을 디자인한다! 조류 패션에 모든 사랑을 바친 이 솜씨 좋은 장인들은 손수 복슬복슬한 제품을 모으고, 다루고, 디자인한다.

깃털을 좋아해야함은 물론이고, 예술적인 눈썰미도 갖추어야 한다. 이미 석기 시대부터 깃털로 액세서리를 만들었으며, 여느 예술 작품처럼 깃털 세공도 시대에 따라 변화를 거듭했다. 고대 벽화에서 시작한 깃털 세공은 오늘날 머릿수건, 부채, 무도회용 드레스, 그리고 깃털 달린 구두 등의 형태로 패션쇼에서 볼 수 있다.

여성이 패션에 더 관심이 많다는 고정관념이 있기는 하지만, 원래 이 사업은 남성이 우위를 점했다. 예술 세계에서도 성별에 따라 구분이 있었던 것이다. 기자인 메를 파쳇은 프랑스에서 얼마 남지 않은 마지막 깃털 세공인 메종 르마리에와 진행한 인터뷰에서 1776년 전에는 '깃털 세공인이 늙은 남성의 공동체'라는 사실을 밝혀냈다. 깃털 세공인의 지위는 물론 남성들의 영향을 받았다.

"강력하면서도 위계질서가 확실한 도시의 장인 조합, 그 중에 하나가 깃털 세공인이었지요."

파쳇은 다음과 같이 말을 이었다.

"소녀들이 견습공으로 일할 때에는 좁은 범위로 은근히 제한하기
도 했어요."

대개 여성들은 집에서 할 수 있는 일로 구성하여 할당했다. 기계
로 하는 기술은 필요하지 않았다. 따라서 섬세한 손재주가 필요하고,
장인 정신이 필요한 매장 내 작업은 남성들 차지였다. 이는 비단 깃
털 세공인에게만 적용되는 것이 아니었으며, "특권과 직업적 정체성,
관례적 권리, 장인의 작품적 가치를 과시하는 행위는 [거의] 숙련된
남성들만 독점했다."

프랑스 깃털 세공인의 작업장. 디데로 달랑베르 그림.

나는 깃털 세공이 기가 막힌 틈새시장이라는 사실은 너무나 당연
하다고 생각한다. 당시 깃털 세공이 전성기를 찍었을 때에도 이 일을

하는 이들은 많지 않았다. 현재에는 그보다도 더 줄어들어서, 작업 요청을 받아들일 수 있는 사람이 업계에서 손에 꼽을 정도이다. 메종 르마리에는 이 분야에 특화된 마지막 사업소 중 하나다. 1875년에 설립되어, 1960년 이후 주 고객 중 하나인 샤넬과 함께 일하며 아주 유명해졌다.

파리의 예를 보았듯이, 19세기 말까지 도시에는 깃털 세공인이 수백 명 있었다. 거리를 지나가면 여성들의 모자와 드레스, 그리고 여타 액세서리에 달린 깃털의 종류를 수십 개는 세어볼 수 있었다. 깃털의 값어치는 다이아몬드 바로 아래 급이었다. 바다 아래로 가라앉은 타이타닉 호에도 230만 달러와 맞먹는 깃털 40상자가 있었다. 이제 100년이 지난 지금은 깃털 세공인이 거의 남아있지 않다. 이 글을 쓰고 있는 이 시점에는 다섯 명도 되지 않는다.

하늘 높은 줄 모르고 치솟던 이 산업이 어쩌다 날개를 잃어버리고 말았을까? 짐작하기는 어렵지 않다. 모피 산업과 마찬가지로, 마침내 사람들은 아름다움에 너무나 비싼 대가가 따른다는 것을 깨달았다. 이 분야에서 패션 아이템으로 희생된 동물들은 멸종 위기에 처했으며, 고급 모자에 쓰인다는 이유로 수많은 사람들이 새들을 마구잡이로 학살했다. 그러다 1918년 철새 보호 조약Migratory Bird Treaty Act이 통과되어 사냥감이 아닌 새들을 사냥하거나 파는 행위를 금지하기에 이르렀다. 그러나 이 고릿적 관행 - 깃털 세공 사업이 명맥을 이어나가고 있는 것을 알다시피 - 이 아예 사라진 것은 아니다. 인공 깃털과 구제 깃털을 활용하여 패션 전반에 걸쳐 부리를 빼꼼 내미는 깃털 세공을 여전히 볼 수 있다.

창자 점쟁이

요구 조건: 영적 존재와 통해야 하고 비위가 좋아야 함.

직업 현황: 여전히 존재.

이 희한한 직업의 이름을 보고 오싹한 느낌이 든다면, 그 느낌이 맞다. 창자 점쟁이는 고대의 종교 관료로서, 신성한 동물의 내장을 '읽어서' 신의 계시를 찾는 훈련을 받았다.

점을 치는 의식은 누군가 영적인 영역에서 조언을 구할 때 행해졌다. 의식을 통해 이들이 옳은 길로 가고 있다는 확인을 받거나, 또는 신호를 받고 싶었던 것이다. 정부 관료 혹은 전쟁터로 떠나는 장군이 지역의 주술사를 찾아가곤 했다. 신이 노하시면 어떤 신이 모욕을 당했는지 알아내는 것이 창자 점쟁이의 의무였으며 신을 달래기 위해 어떻게 적절한 조치를 취할지도 정해야 했다. 보통 창자를 불 속에 던졌을 때 어떤 모양으로 타는지 관찰하는 일도 중요했다.

썩 유쾌하지 않은 이 풍습은 기원전 2세기까지 거슬러 올라가 에트루스크(지중해 지역에 살았던 고대 민족 -옮긴이)인부터 전해져 내려왔다. 복점(이 용어가 더 친숙하기는 하다)의 한 분파로, 점을 치는 형식으로 자연이 보내는 신호를 읽어서 점을 쳤다. 이밖에 매우 인기가 있었던 방식으로는 새가 비상하는 모습을 관찰하는 것이었다. 점쟁이들은 새들이 어떤 모양이나 패턴으로 날아가는지, 또는 닭이 무리를 지어 먹이를 쪼아 먹을 때 어떤 무늬가 나오는지 유심히 살펴보았다. 번개와 천둥이 칠 때에도 징조를 점칠 수 있었다.

도대체 왜 점을 쳤을까? 흠, 복점은 자연이 주는 징조를 관찰한다는 의미였으므로, 동물을 죽이는 논리의 이면에는 일단 희생된 동물을 신에게 바치면, 희생양은 신의 일부가 된다는 믿음이 숨어 있었다(동물의 신격화). 동물의 장기가 드러나면 창자 점을 통해 신의 마음을 훔쳐보는 셈이었다.

동물을 불필요하게 죽이고, 듣기만 해도 오싹하게 만드는 일임에도 불구하고 창자 점은 세상 외따로 떨어진 곳에서 여전히 행해지고 있다. 사실 여러분도 일종의 복점을 치고 있는지도 모른다. 누군가와 닭 뼈를 한쪽씩 잡고 부러뜨려서 누가 더 운이 좋은지 점쳐본 적이 있지 않은가? 새해에 호두를 깼던 경험은? 그럼 당신에게도 복점을 본 죄를 물어야겠군!

칼갈이

요구 조건: 날카로운 칼날 애호가, 휴대용 숫돌을 소지한 사람.

직업 현황: 여전히 존재.

칼갈이라는 직업은 1600년대 초기부터 존재했다고 알려졌지만, 아마 그보다 더 오래전부터 있었을 것이다. 칼갈이가 뭐냐고? 휴대용 숫돌을 갖고 다니며 마을 사람들에게 칼을 갈아주는 일을 도맡았던 사람을 말한다. 이들은 칼과 가위, 그리고 날카로움이 미덕인 주방 도구들을 갈아주곤 한다. 보통 수레에 종을 달고 다녀서 지나갈 때마다 마을 사람들이 소리를 듣고 알아보게 했다. 많은 이들이 무뎌진 도구들을 갈기 위해 집 밖으로 뛰쳐나왔고, 칼갈이들은 식당이나 호텔, 가정 등 단골손님들의 환영을 받았다.

요즘 세상에 전문적 직업으로는 한물간 것처럼 보이지만, 전 세계에서 여전히 활발히 활동하고 있는 칼갈이들이 생각보다 상당히 많다. 여기에 프랜시스라는 현지인이 파리 11구에서 찍은 현대 사진이 몇 장 있다. 그는 파리에서 지금도 활동하고 있는 여섯 명의 르 물뢰르 le remouleur(칼갈이) 중 한 명이다. 남자의 수레 한쪽 면에 가위와 칼, 그리고 식칼로 보이는 물건의 그림이 보인다.

로마에 마지막 남은 아로티노arrotino(칼갈이) 중 하나인 카미네 마이넬라는 2013년 뉴욕 타임스 기자와 인터뷰를 했고 '사양 산업의 일원, 도시의 늙어가는 칼날 구하기'라는 기사에 소개되었다. 마이넬라는 그가 십대였을 때 견습생으로 처음 시작한 이래 몇십 년 동안 칼갈이 사업을 운영했다. 인터뷰를 진행했을 때 그는 일흔다섯 살이었는데, 도시에서 그를 모르는 사람은 아무도 없었다.

그는 현대에 들어 '새것을 사자'라는 풍조 때문에 자신의 일이 수년간 내리막길을 걷는 모습을 보아왔다. 그래도 평생 자신과 가족을 먹여 살릴 수 있었다. 그는 로마에 마지막 남은 칼갈이 중 하나일 것

이다. 자신의 사업에서 은퇴할 때에 대해 이야기할 때, 그는 이렇게 말했다:

> *"언젠가 이 업계를 떠나야 하니까 슬프지요. 그러나 누구나 그렇듯,*
> *우리 모두는 모든 것을 다 내려놓아야 합니다."*

그게 바로 인생이지, 안 그래?

환락 잔치 기획자

요구 조건: 세부를 보는 집중력, 방탕한 취향.

직업 현황: 여전히 존재.

이제 대미를 장식할 시간이 왔다. 기원전에는 환락 잔치 기획자를 아는 누군가를 알아야지 그와 연락을 취할 수 있었지만, 그렇게 연락이 닿는 순간, 그 걷잡을 수 없는 욕망이 바로 가까이에 폭풍처럼 휘몰아쳤다.

속성은 매우 다르지만, 이 직업은 일종의 기획자와 비슷했다. 식음료와 장소, 참가자, 고객 명단, 음악 등을 지휘하는 역할을 했다. 이 흥청망청 연회는 며칠 동안 계속된 적이 많았기 때문에, 세부 사항을 꼼꼼히 챙기는 것이 주요 요구 사항이었다.

파티에서 사람들은 노래를 부르고 춤도 추며 떠들썩하게 놀았고, 성행위에 때로는 살인까지 일어났다(집단 열광증이 실제 있었다). 한 번은 클라우디우스 황제의 아내 메살리나가 너무 흥분하여 축제 중에 다른 이와 바람을 피웠다. 그녀는 순식간에 목이 달아나고 말았다. 어떤 파티는 너무 과열된 나머지, 사람들이 아테네 거리로 뛰어나가 주거지 앞에 장식되어 있던 헤르메스의 남근을 싹둑 잘라버리고 말았다. 헤르메스는 다름 아닌 행운과 다산을 가져다주는 상징적인 조각상이었다.

이 시대의 환락 잔치는 오늘날 취미로 하는 연회와는 좀 다르다. 요새 환락 잔치가 어떻게 이뤄지는지 나는 잘 모르겠지만. 연회를 기획하는 일은 굉장한 고난이 따랐고 중요한 직업이라는 인식이 있었다. 그리스 로마 시대에는 중요한 사교 모임이었기 때문이다.

연회에 흠뻑 젖어 즐거워하는 일과는 별개로, 여기에서 얼마나 많이 언급되었는지는 사회적 지위에 따라 달랐다. 하지만 재미를 모두 맛보고 끝난 뒤에 환락 잔치 기획자는 대부분 상류 사회에서 외면 받았다. 하류층 사람들은 과도한 잔치 비용에 분노했다(그리고 초대받지 못해 화가 났을지도!).

나는 이 직업이 지금도 남아 있으리라 추측한다. 환락 잔치는 현재도 열리고 있으니까, 누군가 연회를 기획한다고 짐작해도 무리는 아니다. 그런 잔치가 지금도 열리고 있는지 개인적으로는 알 길이 없지만.

삐걱거리는
책장 문을 닫으며

우리는 이제 별난 역사가 담긴 책장의 선반 끝에 거의 다다랐다. 적어도 선반 하나의 끝에만. 우리의 과거는 탐험할 거리가 무궁무진하다. 놀란 눈으로 "우리가 그랬다고"라며 물을 기회가 훨씬 더 많이 남아 있다. 이 책을 통해 가상의 책장을 열고 우리가 세대를 걸쳐 내내 해 왔던, 말했던, 그리고 믿었던 그 모든 재미있는 역사를 찾고 웃기를 계속하며 여러분 마음속 호기심에 불을 붙이기를 바란다.

책은 표지와 표지 사이에만 많은 정보를 담고 있으므로(그리고 작가들은 연구하고 글을 쓸 시간이 딱 그만큼만 있기 때문에 - 나도 참석해야 할 파티가 있다고), 이 책에서 우리는 재미삼아 복권을 긁었을 뿐이다. 바라건대 이 책이 열 부 이상 팔린다면(우리 엄마가 몽땅 사서), 이 책과 비슷한 책이 또 등장할 것이다. 그렇지 않더라도 인터넷이라는 아름다운 발명품에 여러분의 질문에 대답해줄 답이 있다. 그리고 도서관에도. 그나저나 누가 도서관을 '발명'했더라? 그게 여러분이 찾아야 할 첫 번째 질문일 수도.

이번 여행을 통해 내가 배운 것이 하나라도 있다면, 여러분도 있기를 바라고, 우리 모두 명석하면서도 실수를 저지른다는 점이다. 우리 인간은 우리가 몰랐던 문제를 해결할 수 있는 가장 멋진 방법을 생각해냈다.

우리는 보통 사람인만큼 결점도 많으니까 황당한 잘못도 저질렀다. 세상에서 가장 이상한 것을 믿기도 했고. 왜 그랬는지 묻는다면, 그러면 안 되나? 그러니 친애하는 독자여, 우리의 선조들을 너무 가혹하게 평가하지 말자. 어차피 수백 년이 지나면 우리도 자신이 도대체 뭐 하고 있는지도 모르는 정신 나간 선조가 되어 있을 테니까. 그렇게 역사는 돌고 도는 것! 여기 우리의 찬란하면서도 부족하며, 부정할 수 없는 독창성이 있다.

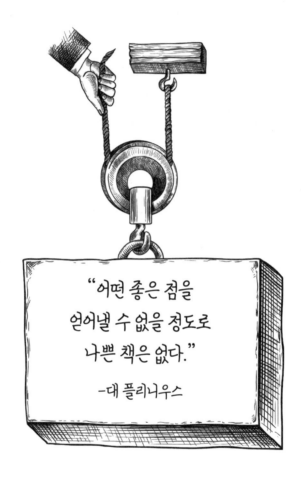

"어떤 좋은 점을
얻어낼 수 없을 정도로
나쁜 책은 없다."

-대 플리니우스

참고 자료
....

We Did That? Bloopers, Blunders, and the Bizarre

Abbott, Geoffrey. *The Executioner Always Chops Twice: Ghastly Blunders on the Scaffold*. New York: St. Martin's Press, 2002.

Anderson, Cass. "Modern Day Gladiator Defends His 'Shin Kicking Championship' World Title And This Sport Looks F'n Incredible." BroBible. July 2019. https://brobible.com/sports/article/shin-kicking-championship-recap/.

Andrews, Stefan. "The Thai Queen who Drowned Because an Ancient Law Forbade Touching a Royal." Vintage News. April 30, 2018. https://www.thevintagenews.com/2018/04/30/thai-queen/.

Avakian, Talia. "16 odd things that are illegal in Singapore." Business Insider. August 4, 2015. https://www.businessinsider.com/things-that-are-illegal-in-singapore-2015-7.

Bill, Bryan. "Hy-Brasil: The Legendary Phantom Island of Ireland." Ancient Origins. March 12, 2019. https://www.ancient-origins.net/unexplained-phenomena/hy-brasil-legendary-phantom-island-ireland-003608.

Blome, Richard. *A New Mapp of America Septentrionale*, 1693. Courtesy of The Glen McLaughlin Map Collection of California as an Island.

Bouton, Terynn. "Mozart's Much Less Family Friendly Works" Today I Found Out. May 20, 2014. http://www.todayifoundout.com/index.php/2014/05/mozart-wrote-song-called-lick-arse-right-well-clean/.

Boyer, Crispin. *Famous Fails*. National Geographic, Washington, DC.

Broome, Fiona. "Hy-Brasil: The Other Atlantis of Irish Legend." Historic Mysteries. December 31, 2010. https://www.historicmysteries.com/hy-brasil-the-other-atlantis/.

Brueghel, Peiter. *Peasant Wedding Dance*, c. 1607. Courtesy of the Walter Arts Museum. Acquired by Henry Walters.

Cavendish, Richard. "Siam Becomes Thailand." History Today. June 23, 2014. https://www.historytoday.com/archive/siam-becomes-thailand.

Charney, Noah. "The Ghent Altarpiece: the truth about the most stolen artwork of all time." *The Guardian*. December 20, 2013.

Clare, Sean. "Illegal mince pies and other UK legal legends." BCC News. April 6, 2012. https://www.bbc.com/news/magazine-17610820.

Cockburn, Harry. "The UK's strangest laws that are still enforced." *The Independent*. September 8, 2016. https://www.independent.co.uk/news/uk/home-news/uk-strangest-weird-laws-enforced-christopher-sargeant-sturgeon-armour-a7232586.html.

Dearlove, Jack. "How the Sinking of the Titanic Was Reported." Journalism.co.uk. April 13, 2012.

Dvosky, George. "The Most Inaccurate Headline in the History of the Universe." iO9. October 29, 2013.

Faber, Toby. "A Legendary Publishing House's Most Infamous Rejection Letters." Literary Hub. September 12, 2019. https://lithub.com/a-legendary-publishing-houses-most-infamous-rejection-letters/.

Gebco. "'Disappearance of Sandy Island.'" December 2012. https://www.gebco.net/news_and_media/gebco_and_sandy_island.html.

Geologic Face on Mars Formation. 1976. NASA ID: PIA01141. Courtesy of NASA. Public Domain.

Gibson, Nathan. "Typos That Had Huge Unexpected Consequences." Ranker.

Gosline, Sheldon Lee. "'I am a fool': Dr. Henry Cattell's Private Confession about What Happened to Whitman's Brain." *Walt Whitman Quarterly Review* Vol. 3 No. 4.

Hannah Dagoe resisting execution. C. 18th century. Newgate Calendar.

Henderson, Corey; Rollman, Dan. *The Recordsetter Book of World Records.* Workman Publishing, 2011.

History.info. "1615: Turkish Sultan who Liked Bigger Women." May 2011.

Klevantseva, Tatiana. "Prominent Russians: Fyodor I "The Bellringer." Russiapedia. https://russiapedia.rt.com/prominent-russians/history-and-mythology/fyodor-i-the-bellringer/.

Kompster, "The Ten Rules of Shin-Kicking." https://www.kompster.com/featured/ten-rules-shin-kicking.

Kruse, Colton. "The Dancing Plague: Choreomania," *Ripley's Believe It or Not.* July 11, 2016. https://www.ripleys.com/weird-news/dancing-plague-choreomania/.

Lee, Sidney. *Shakespeare's Handwriting.* London: Smith, Elder and Co., 1899.

Library of Congress, Prints & Photographs Division, photograph by Harris & Ewing, Reproduction number LC-DIG-hec-31631.

Long, Tony. "July 22, 1962: Mariner 1 Done in by a Typo." WIRED. July 22, 2009.

Mabillard, Amanda. "Playing Fast and Loose with Shakespeare's Name." Shakespeare Online. 20 July. 2011. http://www. shakespeare-online.com/biography/shakespearename.html >.

Maxwell, Rebecca. "The Map Myth of Sandy Island." GisLounge. May 9, 2012. https://www.gislounge.com/the-map-myth-of-sandy-island/.

Maylan, Greg. "The Mystery of an Island That Isn't There." Auckland Museum. November 23, 2012. https://www. aucklandmuseum.com/2012/11/the-mystery-of-an-island-that-isnt-there.

McAlister, Neil Harding. *The Dancing Pilgrims at Muelebeek, Journal of the History of Medicine and Allied Sciences*, Volume XXXII, Issue 3, July 1977, Pages 315–319, https://doi.org/10.1093/jhmas/XXXII.3.315.

Medrano, Kastalia. "The Weirdest Laws in All 50 States." Thrillist. https://www.thrillist.com/entertainment/nation/weird-state-laws.

Mikkelson, David. "Dord: The Word That Didn't Exist." Snopes. January 4, 2015.

Mother Nature Network. https://www.mnn.com/earth-matters/animals/stories/21-animals-with-completely-ridiculous-names.

National Park Service. "Thomas Edison." https://www.nps.gov/edis/learn/historyculture/edison-biography.htm.

Oakley, Nicola. "Owning one pet goldfish is illegal in Switzerland—and the reason might make you feel guilty." Mirror. July 28, 2016. https://www.mirror.co.uk/news/weird-news/owning-one-pet-goldfish-illegal-8511105.

Redd, Wyatt. "Fart Proudly: Ben Franklin Loved Farting So Much He Wrote An Essay About It." All That's Interesting. December 8, 2017. https://allthatsinteresting.com/ben-franklin-fart-proudly.

Ridgway, Claire. "The Downfall of Margaret Pole, Countess of Salisbury, by Alexander Taylor." Tudor Society. 2015. https://www.tudorsociety.com/the-downfall-of-margaret-pole-countess-of-salisbury-by-alexander-taylor/.

Ridgway, Claire. "The Execution of Margaret Pole, Countess of Salisbury." The Anne Boleyn Files. May 27, 2010. https://www.theanneboleynfiles.com/the-execution-of-margaret-pole-countess-of-salisbury/.

Rigg, Jamie. "Fiske's Reading Machine was a Pre-Silicon Kindle." Engadget. July 6, 2018.

Robinson, Melia; Sterbenz, Christina; and Martin, Emmie. "The 17 strangest laws in America." Business Insider. March 6, 2015. https://www.businessinsider.com/strangest-most-ridiculous-laws-in-america-2015-3.

Sanson, Nicolas. *Americqve Septentrionale*, c. 1682. Courtesy of The Glen McLaughlin Map Collection of California as an Island.

Singh KC, Sanjaya. "Thaneswar Guragai of Nepal breaks 14 Guinness World Record titles and still counting!" BlankPage. February 20, 2017. https://sanjayakc.wordpress.com/2017/02/20/thaneswar-guragai-of-nepal-breaks-14-guinness-world-records-and-still-counting/.

Spencer Collection, The New York Public Library. "Horae," New York Public Library Digital Collections. http://digitalcollections. nypl.org/items/1205b8f0-e35f-0135-3c6d-771f88f25699.

Sports Weird-O-Pedia: The Ultimate Book of Surprising, Strange, and Incredibly Bizarre Facts About Sports. Freedman, Lew. New York: Racehorse Publishing, 2019.

Sterbenz, Christina. "The Entire 'Popeye' Franchise Is Based On Bad Science." *Business Insider.* January 17, 2014. https://www. businessinsider.com/spinach-typo-popeye-2014-1.

The Huffington Post. "Titanic Headlines In Vancouver Got It Very Wrong." October 30, 2013.

The New York Times. "Woolen Mill Co-Owner Dies After Being Wrapped in Yarn." August 12, 1987.

The Saint Paul Globe. (St. Paul, Minn.), 30 April 1905. Chronicling America: Historic American Newspapers. Lib. of Congress. <https://chroniclingamerica.loc.gov/lccn/sn90059523/1905-04-30/ed-1/seq-12/>.

The Salt Lake Tribune. "Mars Peopled by One Vast Thinking Vegetable." October 13, 1912.

Trista. "The Young Queen Sunandha Died From Drowning Because the Law Forbade Anybody to Touch Her By Pain of Death." History Collection. https://historycollection.co/the-young-queen-sunandha-died-from-drowning-because-the-law-forbade-anybody-to-touch-her-by-pain-of-death/.

Usher, Shaun. "Oh my ass burns like fire!" Letters of Note. July 5, 2012. http://www.lettersofnote.com/2012/07/oh-my-ass-burns-like-fire.html.

van Eyck, Jan. *Het Lam Gods* (middenstuk),1430–1432. Sint-Baafskathedraal te Gent. Saint-Bavo's cathedral Ghent.

Vellut, Guilhem. "Naki Sumo Baby Crying Contest." *Atlas Obscura.*

Vinckeboons, Joan. *Map of California shown as an island.* Public Domain. LCCN: 99443375. Call info: G3291.S12 coll .H3.

Vizkelety Béla Eger vár ostroma. c. 1890. Courtesy of Bródy Sándor Könyvatar Libarary.

Winters, S. R. "Stretching the Five-Foot Shelf." *Scientific American*, 1922.

Wood, Jennifer. "10 Rejection Letters Sent to Very Successful People." Mental Floss. March 5, 2014. http://mentalfloss.com/article/55416/10-rejection-letters-sent-famous-people.

We Believed That? Superstitions

"Gaspar Schott." Wikipedia. June 02, 2018. Accessed 2019. https://en.wikipedia.org/wiki/Gaspar_Schott.

"Monsters and Monstrosities: The Marvels and Wonders of the 'Physica Curiosa,' 1662." DangerousMinds. April 04, 2017. Accessed March 07, 2019. https://dangerousminds.net/comments/monsters_and_monstrosities_the_marvels_and_wonders_of_the_physica_curiosa_1.

"The Scientific American Supplement. Index for Vol.62." 1906. Scientific American 62 (1617supp): 25915–16. https://doi.org/10.1038/scientificamerican12291906-25915supp.

Baxamusa, Batul Nafisa. 2018. "Orchid Flower Meaning and Symbolism: A Really Interesting Read." Gardenerdy. January 29, 2018. https://gardenerdy.com/orchid-flower-meaning.

Bergen, Fanny D., and William Wells Newell. 2007. Current Superstitions: Collected from the Oral Tradition of English Speaking Folk. Teddington, Middlesex: Echo Library.

Bowman, Ben. 2017. "The Origin of Throwing Rice At Weddings." Curiosity.com. August 2017. https://curiosity.com/topics/the-origin-of-throwing-rice-at-weddings/.

British Archaeological Association. 1895. *The Journal of the British Archaeological Association*. Vol. 1. Henry G. Bohn. 1 January 1895.

Cielo, Astra. *Signs, Omens and Superstitions*. New York: George Sully and Company, 1918.

Costantino, Grace. "Five 'Real' Sea Monsters Brought to Life by Early Naturalists." Smithsonian.com. October 27, 2014. https://www.smithsonianmag.com/science-nature/five-real-sea-monsters-brought-life-early-naturalists-180953155/?page=1.

CRRC. "The Orchid in the Human Imagination." n.d. Center for Research in Reproduction and Contraception. Accessed April 26, 2019. http://depts.washington.edu/popctr/orchids.htm.

Cryer, Max. 2016. *Superstitions and Why We Have Them*. Strawberry Hills, NSW: ReadHowYouWant.

Cuming, Henry Syer. "Shoe Lore." In *Journal of the British Archaeological Association*, edited by British Archaeological Association, 148—153. London: Bedford Press, 1895.

Czartoryski, Alex. 2011. "Lost At Sea: 5 Stories of Disappearing Ships." Boating Safety and Safe Boating Blog. March 2011. https://www.boaterexam.com/blog/2011/03/lost-at-sea.aspx.

Daniels, Cora Linn, and C. M. Stevens. 2003. *Encyclopædia of Superstitions, Folklore, and the Occult Sciences of the World: a Comprehensive*

Library of Human Belief and Practice in the Mysteries of Life. 1903. Honolulu: University Press of the Pacific.

Erbland, Kate. 2014. "7 Tooth Fairy Traditions from Around the World." Mental Floss. August 22, 2014. http://mentalfloss.com/article/58503/7-tooth-fairy-traditions-around-world.

Fitzgerald, James. *The Joys of Smoking Cigarettes.* New York: HarperCollins, 2007.

Grammarist. "If the Shoe Fits and If the Cap Fits." n.d. Accessed April 17, 2019. https://grammarist.com/idiom/if-the-shoe-fits-and-if-the-cap-fits/.

Heit, Judi. "Schooner Patriot and the Mystery of Theodosia Burr Alston—January 1813." January 01, 1970. http://northcarolinashipwrecks.blogspot.com/2012/04/schooner-patriot-and-mystery-of.html.

Hibbert, Christopher, and David Starkey. 2007. *Charles I: A Life of Religion, War and Treason.* Basingstoke: Palgrave Macmillan.

Hingston, Michael. 2014. "Don't Tell the Kids: The Real History of the Tooth Fairy." Salon. February 8, 2014. https://www.salon.com/2014/02/09/dont_tell_the_kids_the_real_history_of_the_tooth_fairy/.

Houlbrook, Dr. Ceri. *The Concealed Revealed.* "The Folklore of Shoe-Shaped Confetti." July 28, 2016. https://theconcealedrevealed.wordpress.com/2016/07/28/the-folklore-of-shoe-shaped-confetti/.

Kanner, Leo, 1894–1981. *Folklore of the Teeth.* New York: The Macmillan company, 1928.

Lys, Claudia de. *What's So Lucky about a Four-Leaf Clover? And 8414 Other Strange and Fascinating Superstitions from around the World.* New York: Bell Publishing Company, 1989.

Matsuo, Alex. *The Haunted Actor: An Exploration of Supernatural Belief through Theatre.* Bloomington: AuthorHouse, 2014.

Mikkelson, David. "Fact Check: 'Bananas on a Boat' Superstition." Snopes.com. November 2012. Accessed 2019. https://www.snopes.com/fact-check/banana-ban/.

Murrell, Deborah. 2008. *Superstitions: 1,013 of the Wackiest Myths, Fables & Old Wives Tales.* Pleasantville, NY: Readers Digest.

Opie, Iona Archibald and Peter Opie. *The Lore and Language of Schoolchildren.* New York: New York Review Books, 2001. https://books.google.com/books?id=ZDUSAAAAYAAJ&printsec=frontcover&source=gbs_ge_summary_r&cad=0#v=onepage&q&f=false (Wedding Superstitions 7-16).

Opie, Iona Archibald, and Peter Opie. 2001. *The Lore and Language of Schoolchildren.* New York: New York Review Books.

Phrases.org. "Bad Luck Comes in Threes—Phrase Meaning and Origin." Accessed May 2, 2019. https://www.phrases.org.uk/bulletin_board/32/messages/643.html.

Pickering, David. *Cassell Dictionary of Superstitions.* London: Cassell, 1995.

Punch, or *The London Charivari* magazine, March 11, 1854, vol. 26, p. 100. Punch cartoon, 1854, depicting Queen Victoria 'Throwing the Old Shoe' after her soldiers as they depart for the Crimean War.

Rachel's English. "10 Everyday Idioms." January 2019. https://www.youtube.com/watch?v=cnFdm8_nArQ.

Ringmar. "Politics without Borders: The Royal Touch." History of International Relations. http://ringmar.net/politicaltheoryfornomads/index.php/category/an-anarchist-history-of-the-state/sources/.

Sacred Texts. n.d. "Throwing the Shoe." The Origins of Popular Superstitions and Customs: Marriage Superstitions and Customs: (6) Throwing The Shoe. Accessed 2019. http://www.sacred-texts.com/neu/eng/osc/osc38.htm.

Strom, Caleb. 2018. "Tooth Fairy Tales: The Strange Origins of the Dental Sprite." Ancient Origins. August 10, 2018. https://www.ancient-origins.net/myths-legends-europe/tooth-fairy-0010523.

Tolliver, Lee. 2012. "Old Fishermen's Tales: The Curse of the Banana." Pilot. July 23, 2012. https://pilotonline.com/sports/outdoors/article_3b4ecc9f-1753-5e30-b5d5-08fabed0d734.html.

Webster, Richard. *The Encyclopedia of Superstitions*. Woodbury: Llewellyn Publications, 2008.

Webster, Richard. *The Encyclopedia of Superstitions*. Woodbury: Llewellyn Publications, 2008.

Wenegenofsky, Joe. 1996. "The Forbidden Fruit." TheFisherman.com. 1996. https://www.thefisherman.com/index.cfm?fuseaction=feature.display&feature_ID=827&ParentCat=2.

Willis, Richard. *USS Wasp*. https://flic.kr/p/cYiKNs. (Photo only.)

Writing Explained. "What Does Shoe Is On the Other Foot Mean?" n.d. Writing Explained. Accessed 2019. https://writingexplained.org/idiom-dictionary/shoe-is-on-the-other-foot.

We Prescribed That? Medical Cures, Quacks, and Craziness

A crowd of spectators wait as Tom Idle is driven in a cart with his coffin to his place of execution and the gallows. Engraving by William Hogarth, 1747. Credit: Wellcome Collection. Creative Commons.

A early blood transfusion from lamb to man. Credit: Wellcome Collection. Creative Commons.

Ausschnitt. Von dem allerbesten Land so auff Erden ligt. 1671. Public Domain.

Barbara's Banter. "Bon Appétit." August 24, 2014. http://www.barbdahlgren.com/?p=2359.

Barrett, Erin; Mingo, Jack. *Doctors Killed George Washington*. Conari Press.

Bermudez, Esmeralda. "'Vivaporu': For many Latinos, memories of Vicks VapoRub are as strong as the scent of eucalyptus." *Los Angeles Times*. March 26, 2019.

Charleston, Libby-Jane. "Chastity Belts and Crocodile Dung: A History of Birth Control." *HuffPost*. December 30, 2016.

Darby, Marta. "El Bix—A Cuban Cure for All That Ails You." My Big Fat Cuban Family. March 8, 2011.

Davis, Matt. "19th-century medicine: Milk was used as a blood substitute for transfusions." Big Think. April 17, 2019.

Dolan, Maria. "The Gruesome History of Eating Corpses As Medicine." *Smithsonian Magazine*. May 6, 2012.

Forth, Christopher. "The Lucrative Black Market in Human Fat." *The Atlantic*. May 26, 2019.

Goldstein, Darra. "A Medieval Russian Hangover Cure." https://recipes.hypotheses.org/3979.

Griffith, Ivor; editor. *American Journal of Pharmacy and the Sciences Supporting Public Health*, Volume 94. Philadelphia College of Pharmacy and Science. P. 665–671. 1922.

Kang, Lydia, MD; Pedersen, Nate. *Quackery: A Brief History of the Worst Ways to Cure Everything.* Workman Publishing 2017, New York.

Kelsey-Sugg, Anna. "The laughing gas parties of the 1700s—and how they sparked a medical breakthrough." ABC National Radio. February 20, 2019.

Krichbaum, J. G. US Patent Office. US268693. December 5, 1882.

Ricotti, Eugenia Salza Prina. *Meals and Recipes from Ancient Greece.* Getty Publications 2007.

Robert Seymour, 1829, etching. Public Domain. Almapatter44.

Rodriguez Mcrobbie, Linda. "9 Fascinating Historic Methods of Contraception." Mental Floss. February 25, 2013

Smith, Lesley. The Kahun Gynaecological Papyrus: ancient Egyptian medicine. BMJ Sexual & Reproductive Health.

Stephen, Leslie; Lee, Sir Sidney. *Dictionary of National Biography.* Smith, Elder, & Company, 1890.

Sugg, Richard. "Corpse medicine: mummies, cannibals, and vampires." *The Lancet.* June 21, 2008.

Sugg, Richard. *Mummies, Cannibals, and Vampires: The History of Corpse Medicine from the Renaissance to the Victorians.* Routledge 2011.

The brains of dissected heads. Photolithograph, 1940, after a woodcut, 1543. Credit: Wellcome Collection. Creative Commons.

the Elder, Pliny. *The Natural History of Pliny*, volume 4 (of 6).

Vester, Franz. US Patent Office. US81437. August 25, 1868.

We Invented That? Surprising and Wacky Inventions

Amphibious Bike / Cyclomer. Flickr Commons. Nationaal Archief / Spaarnestad Photo / Fotograaf onbekend, SFA002005344. https://www.flickr.com/photos/nationaalarchief/4193508602/.

Art and Picture Collection, The New York Public Library. "Sunshade For Vehicles." New York Public Library Digital Collections. http://digitalcollections.nypl.org/items/510d47e1-3383-a3d9-e040-e00a18064a99. (The Early Visor photo and reference.)

Battle, Daniel S. "Flood protection container for vehicles." US Patent Office; US4315535.

Bertolini Giuseppe (Us). Ocean Floating Safe. United States. Menotti Nanni. US1166145. http://www.freepatentsonline.com/1166145.html (The Unsinkable Safe photo and reference.)

BM Reims, Public Domain, https://commons.wikimedia.org/w/index.php?curid=48571590.

Fawcett, Bill. *It Looked Good on Paper: Bizarre Inventions, Design Disasters, and Engineering Follies*. New York: Harper Collins, 2009.

Folsom, Dwane. Canine Scuba Diving Apparatus. US Patent 6,206,00 B1. March 27, 2001.

George Arents Collection, The New York Public Library. "X-ray apparatus." New York Public Library Digital Collections. Accessed January 28, 2019. http://digitalcollections.nypl.org/items/510d47e2-4734-a3d9-e040-e00a18064a99. (Chapter cover photo.)

Hedley, Ralph (died 1913)—BBC Your Paintings (now available by Art UK), Public Domain, https://commons.wikimedia.org/w/index.php?curid=27892392.

In70mm. "Behind the Scenes of 'Scent of Mystery' in Glorious Smell-O-Vision." YouTube. December 04, 2015. https://www.youtube.com/watch?v=mRdEbb3_YEE.

Laube, Carmen. "A Brief History about Hans Laube: A Personal Reflection on the Osmologist Responsible for Smell-O-Vision." *In 70 mm*. https://www.in70mm.com/news/2016/hans_laube/index.htm.

National Archives Catalog. National Archives ID 45499786. Local ID 165-WW-272D-3. Photographer: Underwood and Underwood. https://catalog.archives.gov/id/45499786. (Unsinkable safe photos and reference.)

Pollack, Rich. "Beyond 'Sit,' 'Speak' and 'Stay': Shadow, the Scuba-Diving Dog." *Orlando Sentinel*. October 25, 1993. https://www.orlandosentinel.com/news/os-xpm-1993-10-25-9310250320-story.html.

Seymour, Robert. Two men wearing revolving top hats with several attachments for optical aids and tobacco etc. Colored etching by R. Seymour, 1830. Courtesy of Wellcome Library.

VanCleave, Ted. *Totally Absurd Inventions*. Andrews McMeel, Kansas City. 2001.

Williams, James A. Animal-Trap. Specification forming part of Letters Patent No. 269,766. Dated December 26, 1882. (The Mousetrap Pistol photo and reference.)

We Did That? Pain (and Death) Is Beauty

Addison, Joseph. *The Spectator,* "Party Patches." June 2, 1711. http://www.aboutenglish.it/englishpress/spectator81.htm.

Arsenic Complexion Wafers. *The Cosmopolitan Magazine*, Feb 1896. Flickr. https://flic.kr/p/ou5B9P.

Art and Picture Collection, The New York Public Library. "Poulaine Avec Chainettes." New York Public Library Digital Collections. Accessed August 29, 2019. http://digitalcollections.nypl.org/items/510d47e1-3274-a3d9-e040-e00a18064a99.

Banner, Lois W. *American Beauty*. New York: Knopf, 1983.

Bowman, Karen. *Corsets and Codpieces: A History of Outrageous Fashion, from Roman Times to the Modern Era*. Skyhorse Publishing, 2016.

Collectors Weekly. May 4, 2017. https://www.collectorsweekly.com/articles/sexy-face-stickers/.

Cosgrave, Bronwyn. The Complete History of Costume and Fashion: From Ancient Egypt to the Present Day. New York: Checkmark Books, 2000. http://www.fashionencyclopedia.com/fashion_costume_culture/Early-Cultures-Europe-in-the-Middle-Ages/Crackowes-and-Poulaines.html#ixzz5y0PkdsDu.

Detail of a 15th century illuminated manuscript of Renaud de Montaubon. Public Domain.

Diary of Samuel Pepys. September 26, 1664. https://www.pepysdiary.com/diary/1664/09/.

Dieulefils, Pierre. *La Rieuse Aux Dents Noires* (Black-Toothed Laughter). Tonkin woman with blackened teeth. Public Domain. http://nguyentl.free.fr/autrefois/scenes/peuple/tonkin_femme1.jpg.

Docevski, Boban. "In 1929, Spruce Veneer Bathing Suits Were Described as Simple, Cheap, and Easy to Make, Yet Fashionable and Modern." *The Vintage News*. September 26, 2016. https://www.thevintagenews.com/2016/09/26/priority-spruce-girls-ladies-wearing-spruce-veneer-bathing-suits-1929-2/.

Eldridge, Lisa. *Face Paint: The Story of Makeup*. New York: Abrams Image, 2015.

Gilbert, Rosalie. "Medieval Women's Hats and Hennins." Rosalie's Medieval Woman. www.rosaliegilbert.com/hatsandhennins.html.

Gilles Edme Petit. *Le Matin*. Public Domain. Courtesy of the Metropolitan Museum of Art. Accession Number: 53.600.1042. https://www.metmuseum.org/art/collection/search/388453.

Herman, Eleanor. *The Royal Art of Poison: Filthy Palaces, Fatal Cosmetics, Deadly Medicine, and Murder Most Foul*. New York: St. Martin's Press, 2018.

Hernandez, Rigoberto. "Wonderful, Ridiculous, Head-Scratchingly Pointy Mexican Boots Are Now A Designer Item." National Public Radio. March 26, 2015. https://www.npr.org/sections/codeswitch/2015/03/26/395391623/wonderful-ridiculous-head-scratchingly-pointy-mexican-boots-are-now-a-designer-i.

Hyland, Veronique. "Yes, Men in the 18th Century Wore Corsets." The Cut. April 6, 2015.

Imbler, Sabrina. "Why Were Medieval Europeans So Obsessed With Long, Pointy Shoes?" *Atlas Obscura*. May 22, 2019. https://www.atlasobscura.com/articles/medieval-europeans-pointy-shoes.

Kunisada, Utagawa. Woodblock print by Kunisada I, signed "Gototei Kunisada ga," series: Mirrors of the Modern Boudoir, title *Tooth Blackening*, published by Azumaya Daisuke, c. 1823. File derived

from Public Domain, https://commons.wikimedia.org/w/index.
php?curid=66250607.

Little, Becky. 2016. "Arsenic Pills and Lead Foundation: The History
of Toxic Makeup." *National Geographic.* National Geographic
Society. September 22, 2016. https://news.nationalgeographic.
com/2016/09/ingredients-lipstick-makeup-cosmetics-
science-history/.

Lubitz, Rachel. 2019. "Nail Polish for Men Is Finally 'Normal'—Just
Like It Used to Be 5,000 Years Ago." Mic. May 7, 2019. https://
www.mic.com/articles/136830/nail-polish-for-men-is-finally-
normal-just-like-it-used-to-be-5-000-years-ago.

Mallory, Aileen. 1995. "Don't Know Much About History."
NAILS Magazine. January 1, 1995. https://www.nailsmag.com/
article/40736/dont-know-much-about-history.

Miller, Harry L. US Patent Office, 1901. US667447A.

Montaigne, Marie. *How to Be Beautiful.* New York: Harper, 1913.

Montealegre, Hazel Mann. US Patent Office, 1924. US1497342A.

Oatman-Sanford, Hunter. "That Time the French Aristocracy Was
Obsessed With Sexy Face Stickers."

Oliveras, Chloe. 2012. "The Colorful History of Nail Polish." The
Independent Florida Alligator. April 25, 2012. https://www.
alligator.org/blogs/lifestyle/thefbomb/article_92924820-8e3d-
11e1-b5bf-001a4bcf887a.html.

Rance, Caroline. 2018. "Dr MacKenzie's Improved Harmless Arsenic
Complexion Wafers." The Quack Doctor. October 9, 2018. http://
thequackdoctor.com/index.php/dr-mackenzies-improved-harmless-
arsenic-complexion-wafers/.

Riordan, Teresa. *Inventing Beauty: A History of the Innovations that Have Made Us Beautiful*. New York: Broadway Books, 2004.

Sears, Roebuck & Co. Catalogue 1897. P.31. Editor Fred L. Israel. Chelsea House Publishers, NY. 1968. https://hdl.handle.net/2027/uc1.31158001963940.

Sun, Feifei. "These Boots Were Made for Dancing: Pointy Shoes South of the Border," *TIME*. March 27, 2012. https://time.com/3787277/pointy-shoes/.

University of Virginia. "Reshaping the Body: Men's Corsets."

Utamaro, Kitagawa. *Yamauba Blackening Her Teeth and Kintoki*. 1795. Courtesy of The Metropolitan Museum of Art (public domain). Accession No. 1996.463.

van der Weyden, Rogier. *Portrait of a Lady*. C. 1460. National Gallery of Art. Andrew W. Mellon Collection.

Wooden Bathing Suit. Nationaal Archief / Spaarnestad Photo / Fotograaf onbekend, SFA002009921. https://www.flickr.com/photos/nationaalarchief/4194412077/. (Photo only.)

We Did That? Odd Jobs

"Augury." Occtulopedia. http://www.occultopedia.com/a/augury.htm.

"Extispicy." Occtulopedia. http://www.occultopedia.com/e/extispicy.htm.

"Haruspex." World Wide Words. http://www.worldwidewords.org/weirdwords/ww-har1.htm.

Adriaen van Ostade. *The Knife Grinder / Le Rémouleur*. Holland, Haarlem, 1610–1685. Courtesy of the Los Angeles County Museum of Art.

Bartsch, Adam von. *The Illustrated Bartsch*. New York: Abaris Books, 1978.

Bilger, Burkhard. "The Eternal Seductive Beauty of Feathers." *The New Yorker*. September 18, 2017.

Bruce, Andrea. "Finding Dignity in a Dirty Job," *National Geographic*. April, 2019 Issue.

Dhwty. "Ancient Roman Curse Tablets Invoke Goddess Sulis Minerva to Kill and Maim." Ancient Origins. April 14, 2015. https://www.ancient-origins.net/artifacts-other-artifacts/ancient-roman-curse-tablets-invoke-goddess-sulis-minerva-020296.

Erenow. "The Night-Soil Men." August 28, 2019. https://erenow.net/modern/the-ghost-map/2.php.

Francis. *Knife Grinder*. May 19, 2008. https://commons.wikimedia.org/wiki/File:Knife_grinder-1.JPG.

Griffiths, Sarah. " 'May the thief go mad and blind!': Roman 'curse tablets' etched with messages of revenge are added to the heritage register." *Daily Mail*. June 25, 2014. https://www.dailymail.co.uk/sciencetech/article-2669296/May-thief-mad-blind-Roman-curse-tablets-etched-messages-revenge-added-heritage-register.html.

History Undusted. "Knockers Up." Photos only. https://historyundusted.wordpress.com/tag/knocker-up/.

Hollstein, F. W. H. Dutch and Flemish Etchings, Engravings, and Woodcuts, ca. 1450-1700. Amsterdam: M. Hertzberger, 1949. https://www.atlasobscura.com/articles/when-american-cities-were-full-of-crap.

Kelley, Debra. 2016. "10 Crazy Tales Of History's Food Tasters." Listverse. May 23, 2016. https://listverse.com/2016/05/23/10-tales-of-sacrifice-and-ceremony-about-historys-hidden-food-tasters/.

Leon, Vicki. *Working IX to V: Orgy Planners, Funeral Clowns, and Other Prized Professions of the Ancient World*. Walker Books: New York, 2007.

Leon, Vicki. *Working IX to V: Orgy Planners, Funeral Clowns, and Other Prized Professions of the Ancient World*. Walker Books: New York, 2007.

Luthern, Ashley. 2009. "Testing for Poison Still a Profession for Some." Smithsonian.com. Smithsonian Institution. June 26, 2009. https://www.smithsonianmag.com/arts-culture/testing-for-poison-still-a-profession-for-some-61805292/.

Mark, Joshua J. 2019. "Vestal Virgin." Ancient History Encyclopedia. Ancient History Encyclopedia. July 2, 2019. https://www.ancient.eu/Vestal_Virgin/.

Menkes, Suzy. "Andre Lemarie Is the Last of the Plumassier Breed : A King of Haute Couture Feathers Reigns Supreme." *The New York Times*. December 15, 1998.

Mingren, Wu. n.d. "A Deadly Bite: The Plight of the Ancient Food Taster." Ancient Origins. Ancient Origins. Accessed August 13, 2019. https://www.ancient-origins.net/history-famous-people/deadly-bite-plight-ancient-food-taster-009193.

Moon, Jay. "The Industrial Revolution's Peashooting Human Alarm Clocks." INISH. April 22, 2016. https://insh.world/history/the-industrial-revolutions-peashooting-human-alarm-clocks/.

Patchett, Merle. "The Last Plumassier: Storying Dead Birds, Gender and Paraffection at Maison Lemarié." Sage Publishing, *Cultural Geographies*, 2018, Vol. 25(1) 123–134.

Peek, Sitala. "Knocker uppers: Waking up the workers in industrial Britain." BBC News. March 27, 2016. https://www.bbc.com/news/uk-england-35840393.

Povoledo, Elisabetta. "Rescuing City's Aging Blades, a Member of a Dying Trade." *The New York Times*. October 7, 2013. https://www. nytimes.com/2013/10/08/world/europe/rescuing-citys-aging-blades-a-member-of-a-dying-trade.html.

Richerman, 18th century nightman's card. Public Domain. http://www.jasa.net.au/london/sanitation.htm.

Scala. 2018. "Vestal Virgins: Rome's Most Powerful Priestesses." Vestal Virgins: Rome's Most Powerful Priestesses. December 18, 2018. https://www.nationalgeographic.com/archaeology-and-history/magazine/2018/11-12/vestal-virgins-of-ancient-rome/.

Struck, Peter T. "Haruspex." University of Pennsylvania Dictionary. http://www.classics.upenn.edu/myth/php/tools/dictionary. php?regexp=HARUSPEX&method=standard.

The Costume of Great Britain, London, England, 1805. Science Museum, London.

The Miriam and Ira D. Wallach Division of Art, Prints and Photographs: Picture Collection, The New York Public Library. "Vestal virgins serving in the temple," New York Public Library Digital Collections. http://digitalcollections.nypl.org/items/510d47e4-5f8b-a3d9-e040-e00a18064a99.

Van Haarlem, Cornelius. *Before the Deluge*. 1615. M.Ob.1472 MNW. Courtesy of Muzeum Narodowe w Warszawie. Public Domain.

Whiting, Jim. "Gong Farmers: Their Crop Was…Crap." Nonfiction Minute. April 11, 2019. https://www.nonfictionminute.org/the-nonfiction-minute/gong-farmers-their-crop-was-crap.

저자 소개

소피 스털링(Sophie Stirling)은 역사학자이자 문학자로 다양한 문화권의 전통민속문화를 둘러싼 연구를 한다. 그녀는 또한 자칭 문학덕후이자 뻔뻔한 아재개그의 달인이며 이야기와 유머를 나누고 역사에 대해 읽는 것이 다른 인간 존재들과 더 깊이 연결되도록 해주며 인류공동의 미래를 더 잘 볼 수 있게 해준다고 믿는다. 우리가 살고 있는 이 거친 세상에 대해 배우고픈 열정과 애정을 나누기 위해 〈우리가 그랬다고?We did that?〉를 썼다.

실수와 오류의
세계사

초판 1쇄 발행 2023년 5월 22일
초판 3쇄 발행 2023년 8월 31일

지은이 소피 스털링
역자 김미선
펴낸이 이효원
편집인 강산하
마케팅 추미경
디자인 별을 잡는 그물 양미정(표지), 기린(본문)
펴낸곳 탐나는책
출판등록 2015년 10월 12일 제 2021-000142호
주소 경기도 고양시 덕양구 삼송로 222, 101동 305호(삼송동, 현대헤리엇)
전화 070-8279-7311 **팩스** 02-6008-0834
전자우편 tcbook@naver.com

ISBN 979-11-89550-27-1 (03900)